开发

在外贸客户发掘中出奇制胜

蔡泽民（Chris）——— 著

SUCCESSFUL CUSTOMER DEVELOPMENT

中国海关出版社有限公司
·北京·

图书在版编目（CIP）数据

开发：在外贸客户发掘中出奇制胜 / 蔡泽民著 . —北京：中国海关出版社有限公司，2020.6

ISBN 978-7-5175-0425-2

Ⅰ . ①开…　Ⅱ . ①蔡…　Ⅲ . ①对外贸易—市场营销学　Ⅳ . ① F740.4

中国版本图书馆 CIP 数据核字（2020）第 037946 号

开发：在外贸客户发掘中出奇制胜

KAIFA: ZAI WAIMAO KEHU FAJUE ZHONG CHUQI-ZHISHENG

作　　者：蔡泽民（Chris）
策划编辑：郭　坤
责任编辑：郭　坤
责任监制：赵　宇
出版发行：中国海关出版社有限公司
社　　址：北京市朝阳区东四环南路甲 1 号　　邮政编码：100023
网　　址：www.hgcbs.com.cn
编 辑 部：01065194242-7585（电话）　　01065194234（传真）
发 行 部：01065194221/4238/4246/4227（电话）　　01065194233（传真）
社办书店：01065195616/5127（电话 / 传真）　　01065194262/63（邮购电话）
www.customskb.com/book（网址）
印　　刷：北京鑫益晖印刷有限公司　　经　　销：新华书店
开　　本：710mm × 1000mm　1/16
印　　张：15　　字　　数：265 千字
版　　次：2020 年 6 月第 1 版
印　　次：2020 年 6 月第 1 次印刷
书　　号：ISBN 978-7-5175-0425-2
定　　价：55.00 元

前言

Preface

外贸的核心永远是客户开发。当前，外贸行业的客户开发已经进入一个相对成熟的阶段，外贸人进入行业就可以直接开发客户，但这导致业务员根本来不及去学习怎么理解产品、客户，产品卖到哪里去，什么才是真正意义的开发。虽然在开发的过程中大多数人知道如何和客户斡旋，也愿意付出比别人更多的时间和耐心，对产品的解释也颇为专业，能够清楚地知道客户的意图，但因为对产品属性、客户市场、谈判风格和习惯等拿捏得不够准确，总感觉少了“临门一脚”，比如在该加快谈判节奏的时候缓下了节奏，而在该缓和节奏的时候却不断地催促客户，让原本的订单节外生枝，痛失订单。

我从众多外贸人的开发邮件里发现了一个问题——过于“书生气”。书生气是指邮件写得精彩、专业和漂亮，但很容易被客户看出业务员的青涩和稚嫩，从而使业务员在心理上处于被动状态。我认为一次成功的客户开发应该同时兼具书生气和灵气，灵气可能体现在一个原则、一个点拨、一个提醒，就像是武功里的心法——赋予外在招式杀伤力和见招拆招的创造力。每次谈判均涉及实实在在的生意，有生意就必须有生意的做法和思路，它不应该只是邮件上的你来我往，而应该赋予它更多的“生意人”的特性——敢于打破常规、不拘泥于形式，以合作为目的和客户谈判。同时，再加上外贸人专业、诚信、勤奋、聪明的品质，可以让我们被一个个客户所信任，成为开发客户的“常胜将军”。

本书分为八章。第一章介绍面对当前复杂的外贸环境，如何改变思路打动客户；第二章深度介绍冷门产品和热门产品的属性、开发客户的不同方法、产品周期，并学会结合自己的产品制订开发策略和思路；第三章介绍容易被忽略的网络开发客户的方法和渠道，以及如何将自己的个性融入开发和推广中，化被动为主动；第四章讲解“灵活”在客户开发过程中的重要性，学习高手在开发过程中思考问题和调整思路的方法；第五章介绍谈判的节奏、周期、目的、强势与劣势，以及如何磨炼气场把握谈判的主动权；第六章介绍如何与客户互动以达到变相开发客户的目的；第七章介绍外贸人须掌握哪些技能来应对客户越来越多的要求；第八章讲述了如何提高服务意识、服务的艺术等。

本书可以说是《让外贸邮件说话》一书的升华，是我对不同客户开发方法和思路的提炼，是从大量成与败的开发中总结出的诀窍，体现了外贸人从新人到高手的心态变化，告诉外贸人如何让自己的思维更加“生意人”。书中提炼的观点和技巧，如果读者能完全理解并灵活运用，可以少走很多弯路。

客户开发是一个漫长且需要不断尝试的过程，它不应该被限制和僵化，无论是开发的方式方法还是开发过程中的思路及谈判策略都要更加灵活和主动，这才是当今形势下开发外贸客户的出路。

再次感谢中国海关出版社有限公司能提供机会出版本书，让这本书帮助外贸人深度理解并找准开发方向，改变传统开发客户的思路，利用更好的开发策略和技巧拿下订单。由衷地感谢郭坤编辑近一年来在本书的选题、内容、措辞、出版方面的大力帮助，感谢一直以来支持我的朋友！书中难免有疏漏、不当之处，望读者不吝指正。

蔡泽民（Chris）

2020 年 3 月

目录

Contents

6 第六章 维护客户也是变相开发　155

7 第七章 成为全能销售员，满足客户多样要求　183

8

第八章
同质化时代外贸的“夺单利器”：服务 209

CHAPTER 1

第一章

打动客户，只需换种思路

随着国际贸易形势的日趋严峻，外贸客户开发已经不仅仅是找客户、谈客户、下订单、收货款、盼返单这么简单了。从外部环境来看，全球经济增长速度趋缓，中大型采购商或进口商可能面临被并购的风险；从采购金额来看，百万美元、千万美元的订单越来越少，而且订单越来越碎片化；从行业整体情况来看，客户对我国的市场、成本、产品的质量水平已经有了一定的了解。如果我们还墨守成规，想用旧思维和旧模式打动客户，客户开发会变得异常艰难。

即使如此，也有人能够在内外部条件不利的情况下开发出客户，赚得盆满钵满，关键就在于他们能够从思路上积极做出改变，让客户看到不一样的诚意和态度，从而打动客户，拿下订单。第一章，我们先寻求思路上的改变，学习如何应对外贸新趋势。

第一节 生意认同感一致

原有的开发客户思维只是停留在如何回复或是解决客户对于产品、公司、付款等的疑问上，但当今需要在你来我往的谈判中发掘客户对于生意的态度、要求和标准，从心理上认同客户，去适应这样的标准和要求。当我们和客户对生意的认同感达成一致以后，我们就能对客户的要求和期望值做好预判。比如价格区间、交货期、付款方式等连我们自己都无法接受时，我们自然就会主动想尽办法去解决，而不是将这个问题直接抛给客户。做好了这一层的把关，我们会得到更多的客户的赞同反馈，离成功开发客户就更近了一步，这就是生意认同感，在认同感一致以后，打动客户只是时间问题。

我通过对众多客户的总结分析得出，大多数客户，特别是优质客户，对于生意都有以下的认同感。

一、生意讲求互利，不能只考虑单方面利益

对于大多数外贸人来说，当买卖双方的利益无法同时得到保障时，就不知该如何抉择。我想大多数人选择的是保全自己，损失客户，这种做法虽然在当时解决了自己的危机，维持了自己的利润，却把危机和难题全抛给了客户。

作为卖方，我们对于问题的解决和把控能力是大于买方的，因为我们可以及时对问题进行补救，而一旦问题拖延到需要买方处理时，客户几乎是束手无策的。所以外贸人不要只考虑自己的利益，多为客户考虑，这样你收获的绝不仅是一笔订单的利润。

以前有一款产品，因为产品报价一直比较稳定，加上产品价格也比较贵，利润有保证，所以我很少会考虑原材料价格波动的情况。有一个客户 A，我开发了半年时间，开发过程也是断断续续，有一天客户突然问到了交货期，我意识到客户要下单了，但是这半年的时间里这款产品的原材料价格翻倍，半年前的报价已经无效了。

报价单里的价格有效期是 3 个月，常规的解决办法是咬住 3 个月的有效期跟客户进行解释，要求客户按新的价格付款，保障自己的利润。但是，我想了想，客户可能没有注意到报价有效期，与其报给他新的价格，再就有效期进行解释，让客户失望，倒不如直接报给他原价。所以在客户要 PI（Proforma Invoice，形式发票）的时候，我直接告诉客户原材料价格翻倍，原价格已经失效了，但是因为这是彼此的首次合作，我愿意自己承担损失，还是按照原价格给他，客户欣然接受。

细心的人可能会发现一个问题，半年的沟通中原材料价格波动问题为什么不提前和客户交代？原因是在这半年的时间里，客户并没有明确的下单意向和日期，我过早地向客户透漏这个信息无疑会在一定程度上打击客户的购买欲望。

工厂、公司上下为这笔订单费尽心思，可首单的利润几乎为零，怨言四起，换做其他人是宁可不接订单也会死咬住价格的，但是功夫不负有心人——客户从其他采购商处得知价格疯涨的事实以后确认了我承担损失的事实，发

现了我宁可自己承担损失也要坚守诚信的品质。所以船还没有到岸，他已经下了第二笔订单，数量是首单的好几倍，而且主动提出按照最新的价格来购买。

开发客户的半年时间，是客户和我相互了解、建立信任的阶段，而第二笔订单是因为我的做法打动了客户，它是对我追求生意互利的褒奖。

这样的价格危机我想每个外贸人都会遇到，但每个人的解决方法不尽相同，有些人会妥协于公司的规章与制度，而向客户报高价，但是结果可能完全不一样。所以希望公司或是领导层能够领会生意互利原则的真谛，多一些支持，转变思路，打动客户。

二、理解客户的苦衷与担忧

不要把客户当成我们的假想敌，比如“他怎么不按套路出牌”“客户太难搞定了”等，时刻以一种提防或是征服的心态去对待客户是不可取的，我们要理解客户的苦衷和担忧，而且要能主动想到这些苦衷，提前帮客户做好安排。

和客户接触多了，会慢慢地揭开客户的面纱，知道客户并没有那么可怕。除去买家、采购商、进口商、代理商这些身份以外，他们也是实实在在的人，也会有感情、有情绪、有怨言、有期待。他们有购买产品的决定权，但是权利也意味着责任，可能遇到产品质量不过关他的客户索赔，产品交期赶不上无法如期打入市场，产品价格上涨要核算采购成本等情况，要承担我们难以想象的压力。所以作为卖方，即使每天承受着巨大的业绩压力，也应该多一分理解，让客户以更加轻松的心态去处理采购工作，这样反倒会增加开发成功的概率。

多年以前的一个客户的事情让我记忆犹新，在整个开发的过程中，客户的语气非常强硬，几乎到了说一不二的地步，而且一言不合就准备把订单交给别人，无论在价格、费用，还是运输、售后等方面谈判起来都不是很顺利，客户的要求很多而且很谨慎，所以配合起来很吃力，不过好在最终订单确认了，只是海运时间有 45 天。

在出货以后第 15 天，客户忍不住第一次用请求的语气发了一封邮件，大意是“我看新闻上报道日本地震了，能不能帮我问问船公司，对我们的货有无影响”，这封邮件一改往日犀利、强势的言辞风格，让我真真切切地看出他的担忧，知道万一遭遇地震，即使有保险，对他来说也是非常糟糕的。所以在看到邮件的第一时间我就告诉他没有任何影响，放心收货。客户回复了一个“THX”加一个笑脸符号。

原来揭开客户面纱后他的真实面孔是这样的——他其实并没有那么可怕，只是在众多的压力下，选择了以一种专业的姿态和我们进行斡旋，这其实是客户对自己的一种保护。我们设身处地地为他着想了，第一时间解决了他的担忧，第一时间冲在了前面，第一时间保护了他的利益，那么他也会放下客户的身份和我们以最简单的方式来谈生意。

第二节 抓住与客户沟通的主线

客户开发是有沟通主线的，主线是指谈判中要时刻围绕产品、价格、订单细节。但是有时候围绕中心也会衍生出一些相关联的问题，这些问题看似是不可回避的，但一直在这些问题上和客户周旋会将开发带入一种无法挽回的境地，试着换一种思路也许这个问题就能很轻松地解决了。要时刻想到开发的主线，一旦谈判内容发生偏移，想办法回到正常的开发轨道中，回到自己熟悉的节奏中，我们来看看哪些问题可能会使谈判偏离主线。

一、产品的选择

在产品的选择上，我认为大多数客户的初衷是希望能够有尽可能多的款式供他做选择，以便他深入了解产品，寻找符合客户本国市场需求的产品。但是产品的选择伴随的是客户对所有款式都要从内到外进行了解，其了解包括原料、生产工艺、包装、颜色、功能等方面，而通常客户在对几款相类似的产品进行了解以后，就会开始有对比。对比本身是没问题的，问题在于不同款式的功能，或者是针对的用户不同，对比出来就会有优劣，在不知道客户的心仪产品以前，我们贸然地进行无倾向性的对比，诚恳地介绍优劣是极其不利的，客户对于他感兴趣的产品的劣势会铭记于心。而产品对比得越多，产品的劣势就会暴露的越多，对客户购买欲望的打击也就会越大，所以一旦开发阶段双方在产品选择上僵持不下时，我们就要及时调回主线。最有效的方式是主动询问客户对哪个款式或者哪种功能更感兴趣，待客户说出自己的想法以后，再围绕这类产品做主推。

生意的博弈，主动与被动就在一念之间，如果我们学会了在正确的时机变被动为主动是能够挽回局面的。在产品的选择上，如果我们一味地介绍产品优劣，最后客户可能突然就失去联系了，因为他在对比产品以后看到的是充满问题的产品或者供应商，而我们可能都无法察觉。

二、工厂或者外贸公司

有些客户会在工厂和外贸公司之间犹豫，他们普遍认为工厂的价格更低，所以会一味地强调只跟工厂合作，而外贸公司在这个时候的处境就很尴尬了。

解决这个问题的时候，我认为无论是工厂还是外贸公司都应该对自己的定位及优势有一个充分的认识，要意识到这两者都是不可或缺的。如果你在外贸公司，与客户谈判时要强调外贸公司的耐心、高效、服务意识，如果没有外贸公司绝大多数客户的购买体验会大幅降低。对于青睐工厂的客户你要试着将谈判的重心拉回到产品上，比较好的方法是告诉客户："我们有自己的工厂，也有合作的工厂。"极少数客户会问到哪些产品是你自己工厂的，哪些产品是合作工厂的，一旦问到了，你也可以如实回复。

身处工厂的外贸人也会碰到一些问题，如客户询问有没有其他类型的产品。在客户询问产品线的问题时，你大可以自然地向客户解释，其他产品可以从你们合作的工厂进行采购，并告诉客户自己的主打产品。

用一两句话对这个问题进行回复是最专业的，毕竟产品是没有外贸公司与工厂之分的，重要的是将谈判转回产品。

三、折扣

折扣是谈判过程中回避不了的问题，但碰到对折扣有执念的客户，特别是某些对折扣的兴趣要远远大于产品本身的客户时，我们就要适当地运用一些方法去改变这种局面。每个客户我们都不能轻易放弃，但是，每个国家的客户对于生意的理解不同，不是所有的客户都完全认同 PI 金额的，比如有些地区的客户认为是生意就一定要有佣金、有折扣，这是生意文化的不同。

我们可以采用的说辞是：We can find lower price from other factory if you need.（如果有需要的话，我们可以从其他工厂找到低价格的产品）。这个说法用在这里比较合适，会让客户知道我们在意的不止是价格，此外，这句话更重要的意义是告诉客户我们的产品是货真价实的。

四、交期

交期是谈判过程中双方必须协商的问题，是谈判的中心，但是很多情况下我们没有办法完全按照客户要求的交期出货，或者是只能给客户一个模糊的交期，这就导致客户反复地确认交期。

我们应该及时跳出这个问题，因为生产的事情是存在变数的，要让客户知道交期是我们竭尽全力去达成的，而不是随口答应或是一而再再而三催促而成的，让客户不用一直抓着交期不放。其解释的方式有很多，态度也可以很强硬，比如：

"为了确保产品的质量，这个交期是必需的"——这个解释通常会让客户无法反驳，也可以最快地将话题从确定准确的交期转移。毕竟没有哪个客户愿意牺牲产品的质量来赶交期，同时，这种解释给客户一个我们看重质量、不轻易妥协的印象，从而增加其信心。

很多人觉得做外贸很累的一个重要原因是我们为客户承担了很多风险和责任，而当我们的承担和付出得不到回报，甚至是被误解时，这种累的感觉就会成倍增加。其实，解决的方法很简单，我们要记住，在很多事情上我们有理有据就应该把这些道理及时反馈给客户，让他知道我们的交期延误、船期延误、样品延误是有原因的，其最重要的原因是我们想要呈现给客户最好的产品品质。一旦客户理解和接受，我们又可以满血复活，投入新的客户开发，这是一个良性循环的过程。

除了交期以外，很多问题也可以参考这种解决方式，重要的是将谈判拉回到产品这条主线上来。

五、认证、检测

不同国家对于产品的准入有不同的要求，所以，我们可能要进行各种各样的认证。我相信认证是一件让很多外贸人头痛的事情，不同国家的认证要求不同，相同国家不同地区对于相同产品的认证要求也有所不同，不同材质认证标准不同，不同产品的认证机构不同等会让很多人无从下手。

除了我们熟悉的 CE（CE certificate，CE 认证），RoHS（The Restriction of the use of certain hazardous substances in electrical and electronic equipment，电气、电子设备中限制使用某些有害物质指令），REACH（Registration，Evaluation，Authorization and Restriction of Chemicals，化学品注册、评估、许可和限制），GMP（Good Manufacturing Practice，良好生产规范），FDA（Food and Drug Administration，美国食品和药物管理局），南美洲、非洲的很多国家都有其特殊的认证和证明文件。进行这些认证是需要时间、金钱和精力的，即使认证做好了，也不一定就能拿下订单，这是很棘手，也是很多人比较忌惮的地方。此时，我们还是要回归到主线。

要分清客户索要的认证是他进口产品必需的，还是他道听途说把认证作为产品质量的保证。其实，很多客户只是认为认证是产品放心、安全的证明。这种情况下发给客户相关的产品原材料检测报告就能打消他的疑虑。但是，万一碰到客户所在国家必须有认证才能进口通关，而我们又没有怎么办？我们还是需要找到主线，产品没有该国的认证并没有什么好隐瞒的，如果客户是优质客户大可以为他申请这个认证，在这种情况下直截了当地面对问题比投机取巧地蒙混过关更有效，因为我们选择了侥幸，可能会永远和这个客户说再见。最好的方法是将客户重新拉回到产品上来，通过产品让客户看到我们的信心，再在谈判的后期引入认证的问题，水到渠成。

在十年前市场还不够成熟的情况下，很多人通过小聪明、铤而走险蒙混过关，但是到了今天，要彻底改变这种想法，多从生意的长久性来考虑，认证、检测并不可怕，双方大可以开诚布公地就这些问题进行协商，生意并不是由认证来判断生死，回归谈判的主线才是重点。

脱离开发主线的情况还有很多，但我们要遵循一个原则，谈判的内容要紧紧围绕产品，太过纠结在某一个点就需要及时地提醒自己想方设法让主线回归。这样的做法是很有必要的，因为一旦客户心理上无法逾越某一道坎，很有可能就打退堂鼓，这是非常可惜的。

第三节 举一反三

聪明的人都善于总结规律，外贸人是极其聪明的，只是大多数人的聪明被埋没在写开发信、询盘、客户谈判、生产、出货这些琐碎的事情里。虽然开发客户的过程不是一成不变的，没有固定的公式，但还是有规律可循，总结这些规律，做到举一反三，就能够事半功倍。

一、理解方法，学会举一反三

就搜索客户来说，听其他人说谷歌的开发效果最好，你就将所有的客户开发依赖于谷歌，却没有想过谷歌搜索的核心是找到客户的联系方式，再通过邮件营销和客户建立联系。会举一反三的人能够抓住开发的关键——找到客户的邮箱，稍微发散思维就会想到所有能找到客户邮箱的方法：B2B 平台、海关数据、YOUTUBE 视频网站、社交网站等。哪怕未来有新的方式出现，他们也会第一时间抓住机会。

二、了解相同国家客户的习惯，举一反三

通常来说，相同国家或地区的客户在商务习惯和采购行为上大体是相似的，例如，产品功能、颜色、包装的选择上，价格谈判的策略上是爽快型还是谨慎型，谈判节奏上是欲扬先抑还是欲抑先扬等都会近似。比如澳大利亚客户，有一个很鲜明的特点，在前期的沟通和谈判中他们可以和业务员建立让人羡慕的合作关系，非常亲切，但一旦出现任何售后问题，他们所表现出的冷酷也是让人无法接受的。举一反三，我们在对待下一个澳大利亚客户时就可以拿捏得更准，在发生失误时做好心理准备，因为客户可能会一改往日的画风而变得冷酷。

三、在失单中举一反三

失单是一件很正常的事，但是我们应该从中学会举一反三，在失单的最后

那封邮件或者对话里找到是什么问题导致客户选择中止进一步的沟通，是语言用得不礼貌，还是无意中透露出行业的内情，或者是在还没有建立较深的感情基础时就过早地拒绝客户，又或者是把话说死以后客户无言以对。举一反三，以后遇到同样的事，就知道该如何让客户更有信心，如何谨慎地用词，如何给客户一个台阶。

第四节 没有大小客户之分

几年以前，很多外贸公司的运营模式很简单，一年维护一个大客户，帮这个大客户从前期采购一直服务到后期订单，每年可以保证几百万甚至上千万美元的销量。对于新客户的态度是可有可无，不争取也不排斥，但是近几年我们会发现这种模式的生存空间越来越小，处境也越来越危险。

在这种安逸的模式下，企业会因为稳定、金额可观的订单而忘记了危机感。但是客户的危机感是时刻存在的，很可能某一天客户说："我的公司要被并购了，要倒闭了"，企业才发现丢失了这个客户就失去了一切，此时再想到那些"小客户"，为时晚矣。以前外贸确实有一种说法，"三年不开单，开单吃三年"，可是现在的行情已经完全不一样了，因为潜在的大客户越来越少，而且客户自己也是如履薄冰。如果企业还沉迷在一个大客户可以解决所有问题的幻想中是会失去很多机会的。我们要意识到"小客户"同样重要，将开发大客户的精力和时间用在小客户身上，常常会有惊喜。

C 端（消费端）一直是许多外贸人比较犹豫的方向，他们认为 C 端的订单量太少，要求多、金额小，没有精力去处理。其实我身边就有一位从 C 端做起的外贸人，最开始他是从一个接线板、一根电源线做起，每天向我询问快递费、产品规格怎么介绍，PayPal、信用卡怎么支付等。过了一段时间，我注意到他谈判的标的已经从一件两件货转向几十万件货了，他开始询问如何解释交货期及付款方式，很显然他已经通过 C 端的沉淀，积累出 B 端（企业端）的客户了，这是很常见的。没有任何人规定大客户一定是从展会来的，他们也会通过亚马逊和易贝发出样品需求，并走向最终订单。如果我们一直将开发的重心放在展会，将开发的目标市场放在欧美，就很难注意到其他的开发方式也会带来意想不到的惊喜。就如同我们一直将重心放在大客户、大买家、大型采购商、大的品牌商身上，很少会注意到小客户的巨大潜力。

回到B端的小客户，这里的小客户，只是订单数量相对较少的客户，并不一定是他的整体采购量很少。这类客户相对于大客户来说，他们的购买可能是随机的，采购的动机可能是身边某位朋友在卖这个产品，效果不错，所以他想试试水；或者是他原有的供应商出现问题，需要寻找新的供应商；或者是市场上出现了竞争品，他想提前做好应对。无论哪种情况，他们的采购会充满探索性，这样的探索给我们带来了巨大的机会，因为客户原有的稳定的产品有完整的供应链，有众多的供应商做备选，对价格的把控也比较准确，开发起来是很有难度的。但这种一次或者两次的试探性订单，让他开始了解新的产品、新的材质、新的功能，只要我们用对大客户的耐心来对待这样的小客户，成功概率是非常高的，因为他们需要一个在新的领域能够引导他们迅速把握商机、占领市场的供应商。而一次两次的试探，让客户看到了商机，客户说不定掉转船头直接将他的主打产品调整为我们的产品，这个时候小客户就变成大客户了。

一个行业发展到了一定的时期，多多少少会出现几个大客户垄断，新买家望而却步，整个行业的发展陷入窘境。如果我们在开发客户过程中有意识地培养客户，给他更好的条件，让他在进入这个行业的时候并没有感觉到很难，说不定一个潜在的大客户会就此诞生，这也是我们需要重视小客户的一个非常重要的原因，他们是行业的希望和潜力。

所以，我们要改变原有的思路，对待客户，一视同仁，不去区分大小客户，这会最大限度地提高自身的竞争力，同时也是在为行业增加更多的可能性。

第五节 不亏即是“赚”

当今的外贸除了一些大宗商品以外，商品利润率（算上出口退税）会保持在20%~30%左右，新衍生的产品利润率会高一些，这是普遍情况。如果低于这个利润率就会有一定的风险，毕竟整个流程做下来会有很多难以预料的事

（索赔、召回、退货等）。另外，抛开国内的生产环节，算上整个出口过程中的人力、物力、精力，这样的利润率是比较合理的。

这个利润率已经在行业内维持了很多年，但国内的人工、原材料费用却一直在上涨，这就会不断增加出口企业的压力。跟客户提涨价的谈判的速度是永远比不过涨价的速度的，这就造成很多订单接和不接都很难的尴尬境地。不接订单，或者是在价格上跟客户来回周旋，其结果很可能是客户慢慢地丧失对我们的信任，没了订单，双方的沟通越来越少，越来越生疏；接订单，产品的报价不断上涨，再优质的客户也不可能一直接受涨价，企业没什么利润，再加上客户的要求越来越高，任何一个看似不经意的变动，都会造成生产成本的剧增，将利润空间压缩到最小。那订单到底接不接？答案当然是接，只不过有些人对待订单的态度变了，甚至将这样的态度带到了客户开发当中。

一、错误的开发思维

◎“一锤子买卖”，只看重利润，不求长远

面对利润空间越来越小的现实情况，很多人只看中首笔订单的利润，完全不寄希望于客户的返单，对他们来讲，返单本来就是不确定的，能赚一笔是一笔。这样做是可以一直保持良好的利润率，但是这种做生意方法是会做一个客户就失去一个客户的，久而久之，失去了做生意的基本信誉，失去了口碑，最终接不了任何订单。

◎低报价格拿订单，偷工减料维持利润

这种情况是现在比较常见的。用低价吸引客户促成订单，再在实际生产的时候擅自更改原材料、包装材料等，以维持利润。甚至是在客户下单付完预付款以后，再告诉客户这个材料提供不了，那个颜色调不出来，这个包装方式没有办法完成。这其实是不负责任、不诚信的表现，客户会恼羞成怒。客户的想法很简单，既然你承诺了可以接下这个订单，就必须付出100%的努力，确保质量水平，任何打折都会让前期煞费苦心建立的信任感荡然无存，这不是我们想看到的。

二、不亏即是“赚”

生意上追求利润是无可厚非的，但是就今天的外贸形势来看，我们必须改变以前追求利润的思维。要知道客户的消费能力的提高并没有跑过我们的成本上涨，相反是在萎缩的，这几年甚至有很多客户因为市场购买能力下降，想将客户国家的商品出口到我们国家。在这种情况下，我们一味地维持我们认为应得的那部分利润是不理智的，应该转换一下思路，不亏即是赚。

做生意的目的就是赚钱，要将其变成不亏确实让很多人难以接受，毕竟没有看得见的利润就没有做生意的动力，但是就目前的情况来看，我们应该有一个清晰的思路，把该抓住的客户、该拿下的订单都拿到手里，打造良好的商业信誉，将没有赚到手的利润当作是口碑的推广费。慢慢地我们会发现，诚信与质量好这个口碑为我们带来的订单已经做不完，赚钱和利润已经不是问题了。

第六节 接受新的趋势

随着行业的日趋成熟，新的客户开发工具、市场趋势甚至业务模式都会衍生出来。一个成熟的外贸人要能看清楚新趋势，也要懂得如何借“势”，顺势而为、顺势而变，毕竟未来对我们的要求是适应和主动求变。我们来看看有哪些新的趋势。

一、获取信息的方式变化

近几年短视频兴起，短视频在产品推广中的作用也变得越来越重要，主要原因是获取信息和知识的方式更加立体，单纯的文字、图片等已经无法满足客户快速获取知识的要求。B2B 推广也一样，买家更愿意快速地根据视频判断产品的材质、特性、属性、质量、功能等。据研究数据表明，大脑处理可视化内容的速度要比纯文字快几千倍。因此，从生理角度来分析，人们更乐于接受视频。

我们都知道传统的 B2B 是以图片、文字为载体进行产品介绍的，但是随着移动互联网的发展，拍摄视频变得越来越方便，目前，各大 B2B 平台都已经推出视频推广服务，这是一个趋势，因为视频可以将产品更加立体、形象、真实地展示给客户，加大转化率。在做好视频以后可以在视频网站 Youtube、Vimeo，社交网站，自建网站上同步上传，这样，可以将产品推广的效果最大化。

二、订单碎片化、客户自定义化

随着全球购买力趋于饱和，订单的数量逐年下降，原来的单笔十万件的订单现在可能变成 3 万件，而原本可以做到 3 万件的，现在变成了 5 000 件。订单量减少、碎片化是一种趋势。

碎片化的订单带来一个新的问题——客户购买数量达不到起订量，这让很多人陷入尴尬的局面——生产很被动。面对这样的情况，有一部分人继续坚持十万件或是三万件的起订量，对于零散或者数量达不到起订量的订单，他们制定了新的额外收费 Minimum Order Charge（最小订单收费），以弥补因为数量少造成的生产成本增加，有些客户会欣然接受，但有些客户认为这是不合理的费用。我们暂不对这个费用做任何的评价，时间会证明它的合理性，但它足以说明目前的订单量确实大不如前了，所以，外贸企业应该意识到这个问题，并适当地下调起订量，因为一个下调的动作就会吸引很多的流量、询盘和订单，获得比其他人更多的机会。

另外一种应对方式就更简单了，因为很多产品并没有很高的仓储要求或者质保期限，外贸公司可以选择囤货，一次性大批量采购，再分批卖给不同的买家，既符合了工厂的生产数量要求，又满足了客户碎片化订单的需求，只是相对来说仓储成本会增加，显然这个成本会转嫁到产品价格上。

碎片化的趋势会越来越明显，当趋势变成了常态以后，生产和供应一定会做出改变，在这个过程中，我们要做的是及时在起订量上做出调整，不要因为起订量错失客户。

除了订单的碎片化趋势以外，另外一个趋势就是客户自定义化，随着国内生产、设计技术的日趋成熟，越来越多的客户愿意尝试 OEM（Original Equipment Manufacturer，原始设备制造商）和 ODM（Original Design Manufacturer，原始设计制造商）订单，这类订单的特点是技术难度高、操作复杂、数量大。技术难度高就要求我们的工程师能够理解客户对于产品技术和品质的要求，这其实是很难的，仅仅理解客户的技术问题就难倒很多人。操作复杂的原因是在来回确认材质、样品的过程中会出现一些我们难以预料的问题，需要及时解决。当然，也正是因为门槛高，所以，此类订单通常数量也会很大，百万、千万美元的订单也很平常。

客户自定义产品是大趋势，也是外贸可以继续探索的领域，它对于技术类人才的要求会更高，现阶段国内大部分工厂难以做到，所以，我们要从现在开始储备技术和人才，谁抢占了先机，谁就能抓住商机。

三、非洲、拉丁美洲成为新的增长点

现在说非洲和拉丁美洲的趋势似乎是后话了，因为有的外贸人早已开始开发这些市场，但仍然还有很多人放弃它们。我已经收到很多业务员反馈，因为中美贸易战的原因，公司订单锐减，面临倒闭的困境。其实，用开发美国客户的耐心去开发非洲、拉丁美洲客户会很轻松，这些国家对于国际贸易的认识仅仅是他们可以寻求到更好的商品来满足本国的基本生活需求。

很多人可能对尼日利亚、肯尼亚、埃塞俄比亚、坦桑尼亚比较了解，但是有一个国家叫刚果，我想大多数人不太了解。我跟这个国家的客户做生意以后发现，原来开发客户的过程中并不需要反复谈判，他们对于产品有极致的需求，这种极致表现在为了尽快拿到产品，不惜用空运、快递来购买成吨的产品，仅运费就是一个庞大的数字。跟拉丁美洲客户做生意我同样有这样的体会，当他们认定了一款产品以后，唯一的想法就是兑换美元，然后安排付款、生产与出货。

所以，非洲和拉丁美洲还有很多国家和地区的客户因为某些原因，比如语言、运输、认证等还没有被完全开发，我们与其被动地等待欧美客户的订单，不如将精力放在这些国家和地区上，一旦开发出某个市场，其推广效果是惊人的。

四、B2C 和跨境出口

随着 B2B 的不断发展，越来越多的 C 端客户也开始活跃起来，他们无法一次性大批量采购几万件或者几十万件货，只可以承担几十、几百到几千的数量。因为数量并不是很多，所以客户开发和谈判，甚至是交易均可以通过线上方式进行，付款方式也可以灵活地选择 PayPal（贝宝），而且针对 C 端客户的零售价格往往是 B 端价格的好几倍，所以跨境出口电商近几年也是异常火热。

对比传统 B2B 的公司业务员每天都在焦急和沉闷地等待询盘和订单，

很多初期就开展B2C业务的公司的业务员每天都非常忙碌，订单源源不断，每天的工作是报价、收款和发货。

这种趋势并不意味着所有做B端的企业都要转向C端去接零售订单，而是我们可以寻求一些转变，在内部建立一个面向C端的团队，一是可以抓取更多的C端里的优质客户，二是可以在这个过程中学习和借鉴B2C的模式。C端客户青睐的一般是市场认可度比较高的产品，这些产品的款式、设计、功能等是有其明显优势的，我们要做的是将这些优势发挥到最大，在推广方面不断地积累产品的流量，形成爆款效应，再将流量转移到其他款式的产品中。

五、境外工厂及孟加拉国、印度、越南的制造业崛起

随着国内各项成本的与日俱增，已经有很多工厂选择在低人工成本的国家办厂，如越南、印度、孟加拉国等，其中，被选择最多的应该是越南。特别是劳动密集型的产品，人工成本是大问题，境外工厂可以很好地解决这一问题。

除了境外工厂以外，更让人感到紧迫的是这些国家制造业的崛起，先进的设备和技术进入这些国家以后必定会带动各个方面的改善。但是，我们也应该意识到目前这些国家的生产技术、设备及配套设施还不是特别成熟，所以在产品品质方面我们还有优势，这其实给了我们一个缓冲期，在他们的产品生产线还无法和我国相比拟的时候，我们应该做出调整。

◎ 技术革新和产品升级

技术永远是外贸最核心的竞争力。有好的技术是不愁找不到客户的，我们不能将利润点寄希望于廉价的劳动力，要积极地学习新的技术和工艺，不断地寻求产品高品质的突破。

◎ 材料升级

原材料的升级是适应这种趋势的另一个方法，越来越多的客户对材料要求越来越高，比如环保材料、节能材料等。这些材料的生产工艺目前崛起中的国家还无法赶超中国，所以，我们可以通过原材料的升级，找到自己的优势和定位。

◎ 自主品牌

打造自主品牌一直是外贸人向往的目标，自己的产品能够像国外大品牌产品一样走向世界，并受到大家的认可是非常值得骄傲的事情。事实上，国内已

经有很多品牌因为其物美价廉在国际上形成了一定的影响力，像大疆无人机、飞鱼球鞋、华为等，无论印度、孟加拉国、越南的制造业怎么崛起，自主品牌都不会受到太大的影响。

第七节 人才的重视和培养

谈到人才，让人不禁想到 SOHO（Small Office and Home Office，家居办公，外贸中指在家独自创业）族，SOHO 族是外贸行业较为特殊的一类人，他们可以凭借一己之力谈下客户，服务订单的全流程。但是，随着行业的不断发展，SOHO 族的生存空间越来越小，尤其在互联网高速发展、客户要求越来越高的今天，没有人才和团队的支撑，凭一个人单打独斗是很难打开局面的。

拿 B2B 平台的推广来举例，我们通过 B2B 平台对产品进行推广时，需要用业务思维对客户进行分析，让推广更准确更到位，又需要加入设计思路和设计灵感，让平面的信息立体和生动，同时还需要用产品思维给产品提供强有力的支持，甚至需要写代码、文案，进行外语沟通，需要有投入、有预算。而 B2B 平台的推广仅仅只是开发的基本环节，我们还有采购、跟单、船务、质检、售后等业务。只有重视和培养专业人才，才能适应外贸的大趋势，把开发的效果发挥到最大。

我们来看看外贸人才的培养从哪些方面进行。

一、外贸专业素质

◎ 外贸专业知识素质

外贸专业知识素质是指对外贸涉及的所有知识和领域的精通程度。从寻找客户到备货发货、从通关到售后、从 FOB（Free On Board，船上交货价）到 DDP［Delivered Duty Paid（named place of destination），完税后交货（指定目的地）］、从 T/T（Telegraphic Transfer，电汇）到信用证、从 CE 到 RoHS、从船公司到货代、从美国到欧洲、从 PS（Photoshop，Adobe 旗下的一款图片处理软件）到 AI（Adobe Illustrator，Adobe 旗下一款图形制作软件）都有所了解，这样才能掌控每一个环节，服务每一个客户，拿下订单。

◎ **理解能力**

理解是沟通的基础，人与人的沟通是以理解为前提的，商务沟通也是一样，和客户进行谈判，通常都是从解答产品疑问开始的，如果能够完全理解客户的意图和其隐藏的担心，是能让客户心悦诚服的。中国有句老话是仁者见仁、智者见智，不同的人在客户提出同一个问题时，读出来的意思会有差异，如果你的答案更贴近客户的想法，肯定会提高成功的概率。

◎ **内部交流**

内部交流的效率会直接影响我们和客户的沟通，内部意思传达不到位造成误解是会让我们在面对客户时失利的。

◎ **设计能力**

外贸从工作要求我们有一定的审美，这种审美最好能和客户的喜好一致，让客户在看到产品设计、图片、LOGO 等时能认同，让客户一眼就看出我们确实有能力，确实是做过国际贸易的。

设计能力要求我们要懂得 PS、AI 技巧，甚至 CAD（Computer Aided Design，计算机辅助技术）制图等，要运用这些工具我们就要留意各种字体、版式、色彩、亮度等。另外，色彩的搭配能力也很重要。如自建网站、产品图片都要结合行业及产品的特性来设计，比如工业类、机械类产品最好能用冷色调，显得严肃、正式，而玩具、礼品等最好能用暖色调，显得活泼、有趣。

二、语言素质

英文好，不代表外贸就一定做得好，但是外贸做得好的，一般英文很好。语言基本功越好，理解客户的真实意思、真实需求、言外之意就会更加透彻，对客户想说的、不想说的，马上就能做出反应，这样在和客户沟通过程中会让客户认为沟通方便、高效，增加对我们的信赖感和认可度。当然基本功不好，也是可以在和客户的沟通中学习和提升的，学习他们的表达方式、思维习惯等，长期积累下来是可以提高语言水平的。

另外，随着国际贸易的不断发展，能掌握一些小语种，如法语、西班牙语等是可以在谈判中获得优势的，用客户的语言交流会更加顺畅，而且会让客户感觉更亲切。

三、产品素质

产品素质是指外贸人对产品熟悉和掌握的程度。如果把商场比作战场，在商务谈判的过程中，我们可以利用的核心武器就是产品，只有做到自己比客户更懂产品，更理解产品，才能在谈判中取得先机和客户的信任。想想如果我们连产品基本的生产流程、品质标准都不了解的话，说服客户放心地把订单交给我们是不可能的。

我所理解的产品素质就是要成为产品专家，全面理解和熟知产品从原材料到成品的每种生产工艺、每种生产工艺的难易点、容易发生的问题及规避方法、原材料成本、人工成本、包装成本、生产损耗、产能、品质控制、质量检验、仓储等。我相信对产品了如指掌，无论对产品推广还是客户开发都有极大的帮助。产品推广方面，我们了解产品就知道如何发掘产品的亮点展示给客户，提高产品的吸引力。客户开发方面，无论多么专业的客户，他还是愿意向产品专家或者产品工程师了解产品，如果这个人再有一些销售技巧和表达能力，绝大多数客户是难以抗拒的。

四、吃苦耐劳的精神

外贸从表面上看是一个光鲜的行业，实际上却是一个累心费神的行业。大家通常会报喜不报忧，所以给人的印象是聊聊天，钱款就能刷刷地进账。但是，为了那几句轻松的攀谈，台下需要下超乎常人想象的功夫，开发、维护、报价、回盘、图纸、设计、生产、包装、付款、结算、单证每个环节都需要进行把控。任何一个环节无法衔接，都会导致连锁反应，随时都会有客户不回复或者丢失客户的风险，毕竟，中国有那么多供应商在虎视眈眈。所以，越是业绩好的外贸人，他们在背后付出的辛劳肯定越多，能用心做好每个环节的外贸人一定是能吃苦耐劳的。

五、人才的配合与互补

人才的培养终将会走向多样化、差异化，如果业务团队中每个业务员的风格完全一致，最后可能会出现开发的客户类型或者市场受限，遇到瓶颈，而由风格各异的业务员组成的团队会形成有效的配合与互补，能将整个团队的凝聚力和向心力发挥到极致。

◎ **性格互补**

一个好的外贸团队，需要各种性格的人员，内敛的人沉稳，做事通常有条不紊、细致，容易取得大家的信任，比较让人放心。但是，这种性格的人在处理某些问题的时候会瞻前顾后、犹豫不决，而错失机会。有时候生意的机会就在分秒之间，没有雷厉风行的气魄不行。

在客户接待、客户拜访的时候尤为明显，如果能够将两种性格的人磨合到一起，是会让客户印象深刻的，也能激发客户的强烈兴趣。

再联系到 B2B 平台推广，两种不同性格的人势必会对色彩、文字表达的张力有不一样的意见，如果能够求同存异，就会将推广的效果最大化。

◎ **技能互补**

语言和设计，我认为是和外贸最相关的两项技能。语言不仅仅指英文，还包括小语种，不同语系的业务员负责不同的市场，这样的好处是可以最大化地开发同语系的市场，但弊端也很明显，市场不可能完全公平分配。此外，平台和公司是相同的，只有将不同语种进行融合，才能够将公司的综合素质完美地呈现给客户。

设计人员在做本职设计的时候很少会考虑销售层面的事，如果业务员能够和设计人员做好深层次的沟通，让设计人员也能间接地意识到客户的关注点、诉求点，开发客户就有无限的可能。

◎ **经验互补**

老业务员和新业务员、擅长某些区域或市场的不同业务员之间是有必要进行经验的交流和互补的，很多人在业务初期擅长开发某一类型或某一市场的客户，最后形成了惰性，只有碰到他擅长的客户才愿意去突破。这对于团队、对于自身是非常不利的，要和团队的每个人分享经验，消除每个人的短板才行。

◎ **思维互补**

每个人的思维方式是不一样的，有些人天生擅长做宏观开拓性的事情，喜欢思考产品的方向、市场，喜欢从宏观的层面考虑问题。有些人却擅长做细致的记录、数据分析等，从精确的数字上得出结论。有些人喜欢面对面地和客户交流沟通，而有些人喜欢通过电话、邮件沟通。两者无优劣，但是如果能将思维、习惯进行互补，团队的功能就能增强。

第八节 学会调节情绪

在开发客户的过程中，情绪是非常重要的，开发的前期是枯燥的，这种枯燥会让人焦虑，一旦客户的意向出现不确定，业务员的情绪就容易失去控制。带着情绪的开发是致命的，所以业务员必须学会调节情绪。

通常来说，良好的情绪至少可以提高三成的成单率，因为这种情绪会贯穿整个谈判的过程，良好的情绪会带动我们积极地克服开发过程中的一切问题，同时，这种情绪能改变我们对问题的看法。客户开发是需要深入客户心灵，触动他内心的购买欲的，它要求我们时刻注意客户心理的细微变化，成单与失单有时候就在一瞬间。正是因为这种不确定性导致外贸人在开发过程中承担着巨大的压力，并且随着开发的不断深入，这种巨大的压力也会成倍增加，万一在某个方面没能让客户满意，很可能就前功尽弃。我们来看看怎样的情绪最适合客户开发。

一、心态平和稳定

稳定的情绪通常来源于强大的心理素质，最厉害的商人永远是内心波涛汹涌，但是表面上看不出任何涟漪的。只有心态平和，才能够冷静思考客户是出于什么考虑才有这样的做法。

比如，一直联系的客户，突然开发节奏变慢，甚至完全不回复邮件。此时，很多人的心态和情绪难免会有波动，心想前期沟通都很顺利，只是沟通的频率慢慢减少，并没有异常的情况，客户到底对哪些方面不太满意呢？因为这种不自信，业务员每隔几天就询问客户的反馈，紧接着会慢慢地臆想出一些原因，认为客户不回复很可能是因为价格，或者寻找到其他的供应商了。于是，在跟踪的邮件里透露出价格可以做适当调整的信息。实际情况却是出人意料的，可能是客户的亲属手术住院了，因为事出突然，他没来得及进行任何的交接与解释。我们很轻易地在价格上主动做出调整，是会让前期的沟通功亏一篑的，真正稳定的心态是回过头思考与客户的沟通，一旦认定了确实不存在任何错误和纰漏，等待即可。

能够控制住情绪，就能够冷静地看到事情的本质，从容面对，这种心态是最适合客户开发的，因为它能够让客户产生十足的信任感。

二、学会释怀

调节情绪最重要的是学会释怀，高手是能够在执着与释怀之间切换自如，因为生意同样是讲求天时地利人和的，这一次的释怀也许就是为下一次做准备。

有一个案例：客户与外贸人 Carlos 联系了很长时间，其间双方对样品进行沟通，但是客户始终没有非常满意，直到有一天客户突然说他要来中国，不过第一站是另外一家公司 ABC。Carlos 是知道这家公司的，是公司的几大同行之一。Carlos 有一些挫败感，他意识到和客户保持沟通的还有这家公司，也明白为什么客户一直没有表达出强烈的满意感。遇到这种情况，大多数人心里是会有波动的，因为客户先拜访的企业有先入为主的优势，客户对第一站通常会有更深的印象。在无法阻止客户决定的情况下，很多人情绪上会失控，会用非常情绪化的语句回复客户，比如"up to you"（随便你），言辞里带有一股酸味，或者是用恶劣的词语来描述 ABC 这家公司，这也是情绪化的表现。万一这家公司给客户的印象还不错，那客户就要重新思考和我们的合作关系了。Carlos 选择了释怀、大度，而在释怀以后他反倒能够冷静地做出一些很好的举动，他是这么回复客户的：

"It's a great news and welcome to our factory, regarding to the ABC factory, I know that company thus I could guide you to that factory if needed."（好极了，欢迎来我们工厂，我知道 ABC 这家工厂，如果有需要的话，我可以做向导，带你参观这家工厂。）在这样回复以后，大多数客户会因为业务员的大度和诚恳而心生敬佩，会有超出生意之外的亲切感。

事情的结果是客户婉拒了 Carlos 的好意，在回国以后这笔订单客户还是下给了 ABC 工厂，只是第二次给了 Carlos 一个大单。这个大单归功于 Carlos 的释怀与冷静，在那一刻客户看到的是一个优秀供应商的心胸和潜质。

在任何挫折、变数面前，只要我们能够控制住情绪，及时地做出最正确的反馈是完全可以化腐朽为神奇的，因为这些事情可以让客户更清楚地看到我们的为人，而这才是开发客户的关键。

三、学会独立

有相当一部分外贸人还处在未独立的状态，这里的独立是指处于任何一种环境下都能独立地做出最正确的反应和决断，不需要就每件事去请示或求助。无法独立，最终导致的局面可能是客户咄咄逼人，自己无法应对、情绪失控、心态崩盘。

这种不独立有一个客观原因是公司的制度不允许，导致事事都需要做申请。有些人对这种制度是欣然接受的，因为有人替他做决策，他只需要当好传话筒的角色就好，客户有什么要求他就向上级反馈，等上级的报价、资料、写好的邮件等。但是，他们通常会遇到这样的问题：在工作时间还好，可以随时向上级请示，但是到了非工作时间，客户在 What's App 上紧急询问一个非常简单的问题，他没有领导和上级的指示只能选择冷落客户，或者是和客户打太极，迟迟不能说到重点，让客户失去耐心。作为谈判关键的我们，因为重要的信息自己没能掌握而捶胸顿足，又无法跟客户解释清楚，甚至要面对客户咄咄逼人的质问，情绪很容易失控。要知道面对全球市场的客户，他们在任何时间都有可能向我们询问非常关键的问题，而这个问题恰好是成单的关键，若我们没能及时做出反应，很可能就被其他供应商抢走了机会。

独立是可以帮助我们克服任何情绪的，因为在独立的心态下我们知道事情必须自己解决，有情绪也无济于事，自然会冷静地去想怎么从实际出发解决问题。对于身处开发一线的我们而言，这种心态是最重要的。

第九节 1% 的机会也要付出 100% 的努力

商人通常是发现了看得到、摸得着的利益才会有实际行动，这是正常的逻辑，没有谁希望耗费精力最后无功而返。但问题是这样的心态不适合客户开发。

客户开发是即使我们付出了所有也不见得会有些许回报的，但是我们还是要努力坚持，因为它的魅力正在于此，哪怕有 1% 的机会，也要付出 100% 的努力。

在开发过程中，很多人有危机意识，认为每一封邮件都有可能是我们和客户沟通的最后一封邮件，因为我们面对的是成熟的、专业的客户，他们可能年长我们几十岁，可能在某个行业里深耕了很多年，可以在某些方面当我们的老师。我们还要时刻面对国内数以万计的工厂，他们或许有更好的产品，有更好的工艺，有更成熟的业务团队，有更多的业务支持，有更宽松的付款方式等。一旦我们的开发显得不专业、不得体、答非所问、用词不当、态度不够诚恳，或者是让客户对比下来没看到任何优势，很有可能就不做任何回复了。但我们仍然不能松懈，面对 1% 的可能，我们要做的是将可能性放大，以最饱满的信心去迎接每一封开发信、每一个询盘、每一个客户，这样成单的可能性才会最大。

反过来从客户需求方面来看，1% 的可能会让我们重新看待每一个询盘与回复。很多人对于开发信没有形成足够的认识，认为只要我们的邮件写得足够专业，足够本土化，内容足够吸引人，价格足够优惠，客户就一定会动心，但是“买卖”排在首位的是“买”，意思是先有购买的意向，才会有“卖”。无论我们的开发信写得多么优秀，客户没有购买的需求，没有购买计划也很难突破。反过来想，一旦收到开发信的客户对产品有任何的疑问，1% 的希望就有了，因为我们基本上可以确定他是本行业的客户，这就是一笔订单的开始。依此类推，每一个真实的询盘和询价其实就是客户当前最真实的采购需求，我们没有理由不付出 100% 的努力。

第十节
先付出，再回报

纵观我所有的订单，我发现一个规律——主动付出比被动等待获取成功的概率大很多。

这里的主动付出包括以下几点。

一、开发过程中主动帮助客户解决问题

在开发过程中客户的要求是多种多样的，无论是通过邮件还是在线沟通的方式，都会运用到文档、图片、视频等进行交流，客户在这些文件格式方面通常会碰到各种问题，特别是一些年纪稍大的客户，一旦客户的设计师、工程师放假了，有些事情就无法向前推进。我们应该主动去发现这些问题，帮客户做好文档、图片的处理，即使不能做到 100% 的准确，至少要让客户看到大概的效果，以便他可以第一时间做决定。

另外，随着新客户的不断加入，他们在进口流程、清关、运输方面会遇到各种各样的问题。以前面对这种情况，我会建议客户使用当地的进口代理做好进口工作，因为当地人之间的沟通更加方便。但是，有些客户没有做过进口的业务，找到的进口代理要么合作困难、要么收费很高。我们不妨改变一下，积极地去推荐合作过的进口代理帮助客户清关。

二、主动承担订单前的费用

客户开发的过程中会有各种各样的费用，比如样品费、快递费、检测费，以及客户来访过程中产生的各种费用。大多数公司对于这些费用划分得很清楚，特别在客户未有明确的订单意向以前，这些费用一般由客户来承担。这也是合理的，但是任何事都要尝试，当我们主动为客户承担一些费用时会发现客户心里会默默记下这笔费用，因为他会记得供应商的付出与尊重，在接下来的谈判过程中他会多一些耐心，在谈订单的关键时刻，这一点点耐心就是成单的关键。然后，反观这些我们提前付出的成本，相对于客户的订单来说，几乎可以忽略不计了。

从客户的心理来分析，对于大多数客户来说，当他默认接受我们承担费用时，其实已经将我们列为最可能合作的供应商了，而且我们主动付出和承担一些费用，可以帮客户省去很多费用申请和审批的流程。逆向思维，当我们想试探客户的购买意向时，主动承担一些费用也不失为一个好的方法。

三、必要时在条款和价格上做妥协

学会在价格和条款上做适当的妥协，也是一种主动付出的表现。比

如，用客户的指定货代做拼箱时，很多公司会将货代的人民币费用以 LOCAL CHARGE（当地费用）的名义来提前收取，这只是约定俗成的一种方式，很多客户不太明白 LOCAL CHARGE 是什么，我们还得向客户解释费用明细，这费用并不多，我们为什么不选择免去它呢?

同样在预付款的比例方面，对于有些余款是出货前付清的客户，当他想降低预付比例时，我们有货权在手，大可以降低预付比例，让客户在资金方面更从容。

CHAPTER 2

第二章

开发做得好，产品无冷热

很多人在开发客户的过程中因为客户经常性地无反馈，或者是给予负面的回复，反观其他行业的产品销售火爆，慢慢地就会对自己的产品丧失信心，这种想法是片面的。按照性质划分，产品可以分为冷门产品和热门产品，在一定的时期内两种产品的销售数据和销售趋势是截然不同的：热门产品因其产品在市场上反响较好，能够引起一系列的化学反应，出现供不应求的场面，让人羡慕；冷门产品因为受众较少，谈判周期较长，通常难以出现客户争抢的场面，开发起来受挫感比较强，所以很多人避而远之。但当我们对这两类产品做一些深入了解以后会发现，每个产品都有其优缺点，热门的爆款、网红产品并不能一直火下去，而冷门产品也不见得会无人问津，只是很多人对产品属性没有深入的了解而产生误解。其实，有针对性地进行开发，产品是无冷热的。

第一节
热门产品的开发思维和节奏

外贸行业每隔一段时间就会出现振奋人心的消息，比如某公司的平衡车在美国市场供不应求、某公司的电动车在东南亚销售火爆、某工厂的智能手环被非洲客户抢购一空等。一时间，这些热门产品流量爆表。

这应该就是热门产品的节奏——一定时间内在全球某个市场集聚强大的市场效应，又因产品本身技术、设计、功能、材质等领先，带来异常火爆的销售局面。很多人热衷于此类热门产品的原因是不愿意将盈利和回报放在 3~5 年以后，他们认为最重要的是“落袋为安”，只要当年该产品火爆，他就打进这个行业，肯定能分得一杯羹。所以，一旦某款产品有了热门的趋势，跟风的同质产品就紧随其后，市场陷入混乱的局面，而当购买需求接近饱和，或者技术普及、新鲜感消失时，热门产品就会骤冷，一时间从供不应求到无人问津，于是，很多人开始手足无措，感叹外贸行情低迷、生意难做。

大浪淘沙，面对热门产品转冷，能够坚持到最后的产品一定是有竞争力的，我们有必要了解热门产品的节奏，抓住产品的关键时期，找到出路。

一、热门产品的周期

热门产品大体上会经历 4 个阶段：萌芽期、上升期、爆发期、衰退期。我以曾经火爆一时的 LED LIGHT（LED 灯）在 Google trends（谷歌趋势）里查看它的搜索趋势图（如图 2-1 所示），这个搜索趋势几乎等同于产品的热度。

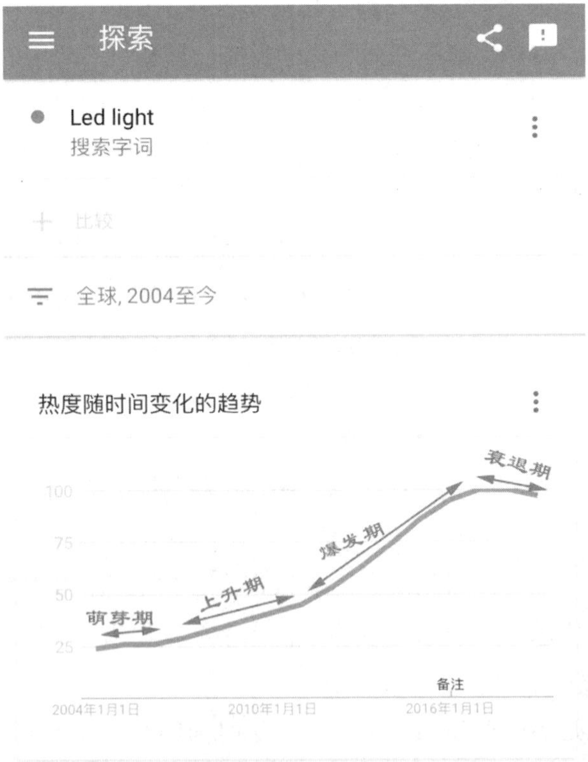

图 2-1

注意在这幅走势图里，我把搜索范围设定为全球，而时间跨度设定为 2004 年至今，产品的趋势非常明显。

在萌芽期（2004 年左右），产品开始崭露头角，偶尔会有个别客户询价，无论是市场需求还是客户询价都处于未开发的状态，给我们的感觉是无论怎么开发都无法激起客户的购买欲望，始终是不温不火。

在上升期（2008 年左右），询价越来越多，并且询价质量更高，开始讨论产品的材质、品牌、代理相关的信息，因为在萌芽期产品被零零星星地引入一些国家，这些产品在这些国家形成了一定的热度，买家发现其潜力，所以想在市场还没有完全打开以前尝试做代理。

在爆发期（2013 年左右），仅从搜索量就可以发现产品完全“热”起来了，产品经过市场的检验和“洗礼”，品质更加优良。而客户方面，因前面两个阶段的铺垫，市场认可度越来越高，客户的询盘应接不暇，采购需求、采购数量暴增，代理等要求层出不穷。同时，竞争者也开始加入行业中，市场变得混乱，仿牌、冒牌开始出现。这个阶段是所有人羡慕的阶段，买家找上门，企业坐收订单，但同时也是最容易产生隐患的阶段。

衰退期（2017 年左右），经历了爆发期的订单疯涨以后，产品价格、供应市场、利润空间等开始变得透明，竞争者的涌入、技术的日趋普及、更优质产品的出现，导致订单量减少或者“腰斩”。从产品供应市场来看，几家龙头企业占领大多数市场份额，而市场日趋饱和。行业步入衰退期，大部分人在开发剩余空间。

这幅走势图解答了很多人的困惑，事实上大多数人在接触一个新的行业时通常是直接进入客户开发，根本没来得及思考产品到底处于哪个阶段，只是在萌芽期就随意对自己产品的潜力做判断是片面的，哪怕是产品进入衰退期，掌握了正确的方法也是可以突破的。

二、热门产品的种类

除了服装、纺织、食品等传统出口产品以外，现今外贸行业中的热门产品品种大致有以下几类。

◎ 技术革新和有一定技术含量的产品

先进的技术永远是引领潮流的。我们熟知的苹果手机最开始的热感应多点触摸屏技术，红极一时。国内出口的产品里技术革新的也有很多，像无人机、智能设备、安防和监控产品等，所以大疆和讯飞的产品热度一直不减。他们代表的是在某一领域有着重大突破的技术，这种突破在短时间内模仿者还无法效仿，更重要的是这种技术可以完美地解决实际需求，这种热门是所有外贸人追求的热门，因为它是实实在在地依靠技术变热的。

◎ **快速消费品和一次性用品**

快速消费品涵盖的产品种类很多，这类产品的特点是需求量大、采购周期短、重复使用等。比如，这几年“火热”的一次性环保餐盒、个人清洁产品、包装材料等。从表面上看，这类产品的货值低，没有附加值，似乎与热门不相关，但一张小小的贺卡每年都可以有数亿美元的销售额，因为这类产品追求的是购买的频率，也就是我们常说的返单率。无论单个产品的货值如何，只要购买的频率有了保障，其销售金额自然而然就会有保证。

◎ **针对某些特定国家或者区域的相关产品**

在某些国家和区域某类产品的需求是非常多的，比如，巴西举办奥运会，奥运会之前对各类相关产品的采购需求是非常惊人的；又比如，旅游业发达的国家对于酒店用品的需求是很多的。我们甚至可以把目标设定到特殊人群，比如监狱产品，这类产品因为其特殊的受众和特殊的产品要求经常容易被忽视，但是一旦产品符合要求，也是可以做成热门产品的。

三、不能一味地求“热”

在分析了热门产品的周期以后，我们会发现这里的热门只是一段时期内的热门，是在一定时间的沉淀以后热起来的，而且不同产品的热度持续时间也不同。从客户开发的难易程度来看，热门产品给人更容易上手的感觉，似乎开发客户不费吹灰之力。而正是这种短暂的井喷期让很多人误以为开发是很简单的事，忘记了开发的核心仍然是主动。就像炒股一样，在牛市赚到钱并不能说明什么，因为大家都赚到钱了，而在熊市里赚到钱才是真本事。

无论是市场需求还是自身业务开发的需求，市场越是难做，开发客户的能力越发显得珍贵，太过依赖于产品的爆发期是很危险的。有可能哪一天产品出现了波动，客户需求减少以后，突然发现原来我们不屑于回复的小客户开发起来也变得异常艰难了。其实对于热门的产品来说，很多人一直做的是偏跟单的业务，并没有掌握实际的开发技能。

所以，外贸人不能一味求热，因为没有哪个产品会一直热下去。要做到未雨绸缪，冷静学习真正的开发技巧来适应产品的热与冷。

四、热门产品的开发技巧

热门产品比冷门产品看起来更容易开发一些，但是如果没有一定的开发技巧，同样会让原本可以大卖的产品毫无竞争力。我们就从热门产品的 4 个阶段来看，如何在每个阶段做好开发。

萌芽期，产品刚刚进入市场，对客户来说是陌生的，他们相对会比较谨慎。虽然在短时间内无法有很大的量，但是只要客户愿意尝试走单，就相当于免费为产品在目标市场做一次推广，这对于萌芽期的产品是至关重要的。客户的检验对于定义产品和判断未来市场有充分的借鉴作用。除了推广以外，这个阶段还有一件非常重要的事情要做，就是积极获取客户对于产品的反馈，一旦客户对产品有了更具体的要求以后做出相应的改进。

上升期，伴随着前期客户的尝试，以及产品的沉淀与提升，开始有越来越多的客户询价，慢慢地我们对于客户的喜好、对产品的大致要求都会有初步的掌握，这个阶段要做的是尽可能多地将产品销售到更多的国家和地区，也可以去相关的国家参展，让产品在全球范围内产生一定的推广效应，也可以称为“预热”。目的是让零散的需求变成更大范围内的需求，以便迎接产品的大热。同时，应该找到客户对于产品最认可的一个方面，可能是某种功能、某种技术、某种新材料。

爆发期的效果是惊人的，前期的预热和推广让产品在全球市场备受认可，开始有越来越多的大型采购集团、进口商等关注我们的产品，他们可能想做代理，想做经销，想了解我们的技术，想提供他们的设计图纸等，各种各样的问题接踵而来。最重要的是这是收获的季节，在前期的推广和运营下产品终于可以全面地推向客户了，这个阶段是最让人欣喜的，客户的数量和订单的数量与日俱增，似乎有做不完的订单。从开发的角度来看，我们要做的是尽可能多地争取客户，做好售前、售后工作，建立好客户档案，以应对后期的维护和开发。但我们也应该提前意识到，这个市场会有越来越多的竞争者加入，所以除了日常的订单以外，我们要适时地拉开与同行的距离，找出产品可以提升的地方。在大量的客户谈判过程中，我们是能够获得第一手客户反馈的，这些反馈能够让我们在众多的竞争者中保持自己的核心竞争力，并从这些反馈中顺势做产品升级，有意识地塑造自己的品牌，让品牌深入客户群中，形成一定的品牌影响力，以应对未来行业混乱的局面。

如果前三个阶段已经做好了准备，即使产品到衰退期仍然可以保持一定的业绩增长。首先，长期的客户维护工作让我们和客户保持了很好的黏度，即使行业进入衰退期，这些客户的订单也会呈现此消彼长的状态，能够继续保证产品有较为平稳的销量。其次，随着产品的品牌影响力加强，行业的新买家在选择产品时更愿意选择已经建立一定口碑的产品，这对于发展新客户有非常重要的意义，一旦客户体验到了产品的品质和服务，合作也就顺理成章了。最后，在品牌打造和完善售后的同时，我们可以开发出改良款和相关产品，在现有客户的订单基础上开发其他的产品线，而这些新的产品能够帮助我们在混乱的市场里占有一席之位。

第二节 这样做，冷门产品不太冷

所有人都希望追逐热门，就好像选择专业一样，一个热门的专业带来的是好的就业前景，大好的前途，而冷门专业通常无人问津。产品也一样，大家都希望做热门的产品，它意味着我们不用花大量的时间在客户开发上，不用苦苦地等待机会，可以更轻松地享受热门产品带来的成单喜悦，这份喜悦带来的成就感恰好是很多人向往这份事业的原因，只是这种成就感来得快，去得也快。大多数人没有做过冷门产品，所以认为不值得投入时间等待一个未知的结果，其实没有人一生都处在行业的井喷期，肯定会遇到行业变化，即使我们不承认，大多数时候我们都是在等待。冷门产品的开发其实也是有技巧的，若我们能够了解冷门产品的特性，加以分析利用，也能做得风生水起。

一、冷门产品的特性

冷门，通常意味着产品并不是大部分人需要的，是小众产品；又或者是工业用产品，一般消费者没有购买需求；又或者是采购周期很长，需求不频繁，像整套的流水线等。这些产品总结起来的特性是采购量不大、开发周期较长、返单率不高。所以一般人会因为它们开发起来较为困难，也看不到明显的开发效果，而抵触这样的产品。但恰好是因为这些特性，开发客户反而会有很多不一样的方式或者惊喜。

◎ 目标客户很清晰

比如大家很少会触碰的工程机械，这种产品金额很大，普通消费者不会有消费需求，但这种产品属性过滤掉了一部分个人或者一般进口商和采购商，其目标客户非常清晰，基本上在开发过程中，从询盘和询价就可以分析出对方是否是行业客户，是否有采购能力和真实的采购需求。一旦确定了对方是行业客户，接下来谈判的内容几乎都围绕着产品、付款、交货期等展开，相对来说比较专业和集中。换句话说，只要客户向我们投了询盘，几乎就可以将其归为真实的潜在客户，并且可以将客户存档和标记，他不会像其他产品的客户那样，在谈判的过程中，因为可选择的供应商多，随时可能换供应商，引发业务员不必要的猜测，导致业务员对客户的判断失去准确性，对自己的产品失去信心。开发冷门产品的客户可以让我们筛选出真实和有效的客户，帮助我们在开发过程中排除很多意外因素的干扰，在客户出现担忧、疑问，与我们有分歧时，我们不用去怀疑客户的真实意图。

◎ 推广、广告定位准

在产品的推广上，一旦能确定产品的目标国家，是可以投入最少的广告费而获得奇效的。要知道对于冷门产品来说，一旦客户点击，他就是有效的客户，而一旦客户给了询盘，拿下订单的概率可以达到70%，这是为什么？因为做食品、服装、鞋的普通客户是不可能点击和他们毫不相干的工程机械类产品的，而且他们也不会有时间对工程机械做询价。能够精准定位推广的目标意味着我们可以做精准推广，从产品的点击就可以看到最后的订单。

◎ 开发客户更精准，订单转化率更高

热门产品经常会遇到的问题是，询盘回复了无数、开发信回复了无数、展会上名片拿了无数，但是客户的回复寥寥无几，也就是我们通常说的订单转化率很低。将工程机械和包装材料做对比，如果包装材料的询盘量是1 000个，最终转化为订单的可能是1个，而工程机械类产品询盘量20个甚至更少，就可以转化1个订单。所以，这类产品的开发模式和热门产品的不同在于客户开发更精准，订单转化率更高。

◎ 同行和竞争者较少

热门产品的供应商少则几十、几百，多则成千上万，所以无论在推广营销还是在客户的争取上，竞争都是很激烈的。但是冷门产品的竞争者会少很多，产品的利润空间不至于一再地被压缩，供应商之间也不必为了争取客户在价格上进行“厮杀”。同时，如果供应商在行业内有一定的沉淀，对同行的产品、价格、市场、优缺点均有一定的了解，在开发客户的时候很容易抓住客户的真实需求，突破起来会比较容易。

二、冷门产品的市场前景

热门产品会有明显的瓶颈期，但是冷门产品不会，或者另外一种说法是这种瓶颈期的周期非常长，大多数人经历的是萌芽期和上升期。

冷门产品因为没有过多的行业竞争者，其行业在循序渐进地发展，正是这种稳步的发展使产品有良性的氛围进行改良，也正是因为逐利的因素更少一些，所以大家想得最多的是怎么把产品质量做到最好，用质量做出口碑，做大市场。而热门产品，大家想得更多的是如何应对产品的爆发期、如何在爆发期获得更多的客户、如何用最快的方式收回研发的成本，因为大家都知道一旦过了行业的爆发期，就很难看到增长的空间了。

冷门产品的抗风险性比热门产品好很多，甚至跟热门产品的骤冷形成鲜明的对比，在很多人觉得市场行情变差的情况下，冷门产品却做得有声有色，当然这只是表面，实际情况是在长期的客户积累和沉淀以后，客户的订单水到渠成。当我们静下心来在一个行业沉淀 3 年以上，就可能有一定的客户积累量。所以冷门产品的抗风险性在于大家看待产品都比较冷静，会用心地做好每一个客户的开发，不会冒进和急躁，不会明显地逼单，紧随客户的采购节奏，顺其自然，在这种心态和开发节奏下，很多客户是难以抗拒的，哪怕遇到外部环境的干扰，其采购需求不会发生变化，订单量自然非常稳定。

从市场的趋势来看，在洞悉了热门产品的周期以后，知道热门产品就像昙花一现，我们可以从展会上看出端倪，今年展会的热门产品火爆异常，明年就偃旗息鼓了。冷门产品会受到越来越多的重视，因为相对来说它有持续性，大家对待冷门产品会更加理性，冷门产品的关注度也会更高，特别是冷门产品相对来说更加容易做出好的品质，产品前景会越来越好。

三、每个人都需要开发一次冷门产品

在今天的外贸行情下，选择冷门产品是需要勇气和信心的，因为这类产品给人带来的是无尽的等待、煎熬和挫折，但是每个人都需要开发一次冷门产品。

首先，冷门产品可以最大限度地磨炼个人意志，开发越是艰难，人的信心和耐心得到锻炼的机会就越多。开发客户的信心不是别人带来的，而是自己在长期的失望和绝望后练就出来的。

其次，冷门产品可以让人冷静下来做好产品，全面提升自己各个方面的能力，而不会因为急于求成造成对某些能力的忽视。有些人发现跳开了热门产品似乎什么都不会做了，连最简单的开发信也不会写，因为之前没有时间也没必要主动开发。殊不知业务开发是一环扣一环的，搭上产品的顺风车是可以在某个方面有爆发式的提升的，但慢慢地你就会发现自己在很多地方有欠缺，根本不知道怎么弥补。开发冷门产品，正好可以让你有精力和时间去学习和行业、产品相关的知识和技能，而这种全面的知识和技能恰好是今天外贸人最需要的。只要静下心来，做好产品的概率也会大大增加。

再次，开发冷门产品的业务员会更懂得珍惜询盘和客户，冷门产品会给人煎熬的感觉，因为产品经常无人问津，他会一直问自己这个产品到底有没有客户。比如一整套的流水线，如果仅仅通过网络来开发，其开发人员面对收件箱里的零回复，往往会怀疑自己和产品。一旦有行业相关的客户回复，心里就倍加感激，这种经历会让人记忆深刻。同时，业务员对询盘和客户的渴求，会让订单转化率提高，因为在对客户的极致渴求下，业务员的耐心会达到极致，任何一个询盘都会被当作既定的订单来开发。

最后，只有开发过冷门产品的人才会对开发的方式方法有更深刻的理解。在热门产品上用到的推广方式并不一定适用于冷门产品，同时在热门产品上对客户的开发节奏和周期也不适用于冷门产品。两种不同的思路所需要的客户思维、习惯也不相同，只有真真切切地经历过才能完全驾驭。

四、冷门产品的开发心态

面对冷门产品，我们应该保持平常心，因为和客户的谈判大多数时候并不是连贯的，没有理所当然的回复，也没有理所当然的下单，常见的情况是客户的询问一般间隔很多天，甚至很多天里来回确认同一个问题。

首先，不要希望在短时间内有所出突破，用降价、促销、旺季生产排单等方法向客户催单，这些只会增加客户的紧张感，对于订单的完成没有任何帮助，试着去等待和接受，然后将精力放在开发其他客户身上。

其次，学会消化在等待过程中产生的压抑情绪。开发冷门产品相较于开发热门产品，心理上更容易产生压抑的情绪，长时间的无人问津会让很多人熬不下去，迷茫地问自己该不该坚持。其实，单个客户的开发节奏很慢，但是一旦建立起自己的客户群，会因为大量的客户资源填充开发的真空期，这种情绪就会消失殆尽。所以最重要的是坚持，只有坚持积累才能看到产品的潜力，才能清楚产品的开发周期，才能消化压抑的情绪。

最后，如果我们抱着学习的心态做冷门产品会接触更多类型的客户，接触更多的国家或市场，对于开发客户会有不一样的见解和心态。

五、冷门产品的周期

我们用 bearing（轴承）这个词在 Google trends 里搜索走势图，如图 2-2 所示。从图 2-2 中我们可以看到 2004 年至 2016 年，轴承的搜索热度的跨度在 50~100 之间，且并没有像热门产品那样有一个较低起点的萌芽期，这可以算作是冷门产品的周期，起点不会很低，但是波动幅度也不会太大，因为有相对稳定的需求群体。

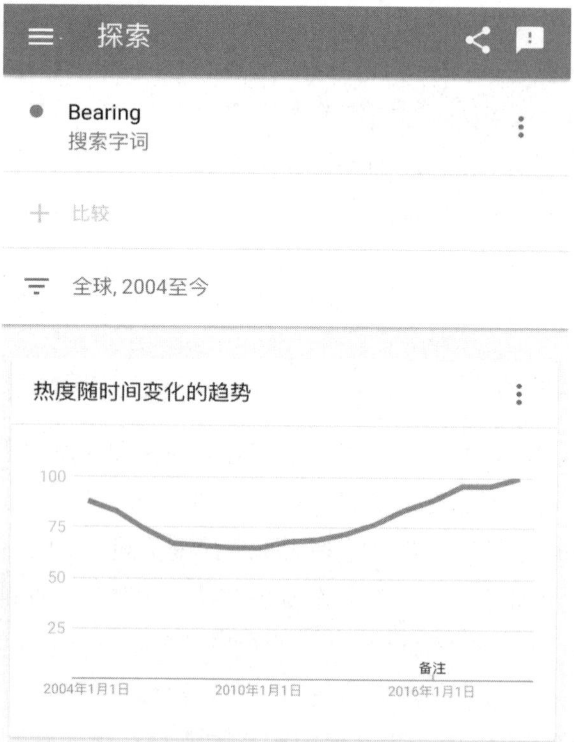

图 2-2

第三节
何为“好产品”

明白了热门产品和冷门产品的特性以后，很多人就会有疑问，看起来两种产品各有优劣，那我们该如何选择呢？什么产品是好产品？毕竟选定了产品就不能轻易更换。任何一个产品都有其存在的价值，我们应该多注重产品的附加值和上升空间，具备这些特质的产品才是好产品。

一、有附加值的产品

附加值是指产品有一定的技术性、不可取代性，可以有更大的议价空间。打个比方来说，一套机电产品，除了产品本身的实物价值以外，其自有的控制系统就是产品的附加值。这类系统相对于我们日常接触的电脑系统更简单，但和机电产品进行配合，其作用就会无穷大。而自有的控制系统本身就可以增加客户黏度，因为一旦客户习惯了我们的系统，不会轻易更换，只要不出现大的问题，产品的潜力会慢慢地释放出来。所以，我国的机电产品一直保持着较大的出口份额。

有自己设计和研发能力的产品，比如做ODM的电路板，客户会提供他所需的电路板的设计图，而我们需要做的是对电路板进行分析，找到所需的材料，设计和生产最终的电路板成品给客户。这类产品的核心竞争力在于技术团队的技术能力，拿到客户的图纸能够制订出设计方案并能生成报价，其附加值就是除生产以外的技术和分析能力，这里的技术大多时候需要想象力。

大众化、传统的产品也是可以有附加值的产品，它们的附加值在于外观、包装、颜色等可以给客户更多的自定义和自由调配的空间，这些产品以外的价值也是产品至关重要的附加值，比如调色需要日积月累的经验才能减少色差，包装需要更多的外包工厂配合等。因为它们能形成差异化，在客户开发时能制造出更好的议价空间。

二、行业上升期的产品

无论是冷门还是热门产品，处于行业上升期，都可以暂时归为好产品，因为恰好在行业上升期，我们可以看到产品的潜力，也能增加对产品的信心。这种信心对于内心不够强大的人来说是可以开发出潜能的，以后无论面对冷门产品还是热门产品，都能够积极面对、勇敢突破，从这一点来说，行业上升期的产品也是好产品。

除此以外，一个产品所属行业处于上升期，客户市场和供应市场还未开发完全，会给我们更多施展的空间，当我们恰好处于这样一个产品周期里，从开发、推广到维护等各个方面得到锻炼的机会远远高于其他产品，抓住了这个机会受益终身。

三、可培养的有衍生性的产品

如果产品本身有周期性或者已经到了产品衰退期，但该产品已衍生出新的产品，那么该产品也属于好产品，因为新的产品可以延续整个行业的生命。

衍生的产品可能是运用了新技术，发展了新的客户群体，开发了新的材料。比如家电产品的智能化，让原本的传统家电产品延续了生命，智能芯片、保温、声控等功能运用了新的技术和新的材料，这些智能化的产品更容易被年轻人推崇，所以它们又发展了一批年轻的客户群体，整个行业融入新的理念，同时它们也完成了产品从传统到智能的升级，这显然也是好的产品。同样的，像智能家具和智能安防等产品，这几年也有很好的上升势头。

四、小众产品

我认为小众产品大多是好产品，这类产品并没有广泛的受众，甚至不为大多数人所知，无论是买方市场还是供应商市场都远不及普通产品的规模，但是因为市场小众，没有较多的干扰因素，其产品周期得到了很好的维护和保护。比如运用在工业设备上的清洗产品、户外打印产品、石油机械产品、户外旅游发烧友产品等，它们分布在各个行业，因为受众很少，很多人无法触及或者根本想不到它们的市场空间。但正因为其小众，能够在全球市场上找到相匹配的客户，形成自己独特的客户群，积累下来也是不错的。

五、技术革新的产品

技术革新的产品永远是好产品，因为技术革新带来的是产品质量的飞跃、成本的骤降、用户的青睐。曾几何时，苹果手机的发布会万众瞩目，大家都希望第一时间看看这家科技公司又有怎样的新技术，而每一次的技术革新迎来的是全世界苹果爱好者的惊叹，这就是技术的魅力。我们不用追求做出像苹果一样伟大的产品，只需要发掘那些在各自的领域里有一些改进，将技术的难题一个个攻破的产品，这些产品以后必然会拥有良好的市场反馈，这就是好产品的特征。

其实技术革新对于产品来说是双刃剑，革新将产品往更好的方向推进，开辟出新的市场和客户，可是一旦技术革新无法得到市场的认可，研发投入尚且不计，严重的可能会损害原有产品积累的口碑。所以，技术革新是要承担很多压力的。

六、全球趋势产品

全球趋势产品指的是造福全球的产品，比如大家都在提倡节能减排，与此相关的产品都是可以持续开发的好产品。

第四节
做匠人，用专业赢得客户

“匠人”给我印象最深的是日本世世代代修补各国古书的工匠，因为古书可能会有残缺、破损、泛黄、缺页等问题，工匠需要花大量的时间追根溯源，研读该国的历史，去寻找和书相同的材质以弥补缺页、破损，去污迹等。为了将书修补到最接近原始的状态，他们在技巧、工艺、材料上需要还原到极致，这就是匠人。他们对完成时间从来没有保证，唯一保证的只有修补的质量。如果有这样的匠人精神，赢得客户的信任只是时间问题。那么如何成为外贸行业的产品“匠人”去赢得客户呢？

一、爱产品

一个对自己的产品总是满怀抱怨的人是不可能做好开发的，因为自己都无法说服自己，又怎么能打动客户呢？每个产品都有其存在的价值。很多人对产品的认识是从外观上建立的，是否有美感，是否颜色鲜艳，是否看起来顺眼。但是要做到爱上产品必须透过表面看实质，需要放下所有的主观看法，沉下心去领悟产品到底给客户带来了怎样的便利，实现了怎样的价值。当我们真正地发现其价值以后，会抛弃所有偏见，例如生冷的机械很难发掘其美感，业务员面对客户时会不知所措，这个庞然大物形状极其不规则，客户真的会看上这个产品吗？其实当你放下了对外观的认识，去深入产品内部的零件——德国进口、日本原装、美国原装等，你会慢慢明白这个庞然大物的精髓，发现原来它浑身是宝，带着这种认识，传达给客户的一定是最积极和最正面的想法，开发效果超出想象。

二、学产品

爱上自己的产品以后，你就会有强烈的学习冲动，想了解产品的材质、生产流程、流水线、包装、质量检验、后期处理等，而不仅仅是学习产品的功能、特效、优势、价格等大家熟知的事情。以产品匠人的标准来要求自己，你会在学习中重视思考，思考为什么产品用这种材质，思考工艺上哪些流程容易出现纰漏，思考包装方式的多样性以及客户对包装有哪些特殊要求，思考抽检的有效性及售后支持等。

事实上，我们思考的这些问题慢慢地也会在客户开发过程中被验证，客户对产品的疑问是没有任何规律的，天马行空，但是当我们对产品、对行业有了更深入的了解和学习以后，或多或少地会对产品有自己的看法，这些看法在某些关键的时刻能打动客户。

三、精产品和推产品

在对产品有了深入的学习以后，应当适当地对个别款号有自己独特的领悟和情感，可能它并不是热销款，但是我们能够感受到它的潜力或者是与自己相符合的某种气质，这个时候我们可以集中精力熟悉该款产品，熟悉客户对于产品的要求，客观地分析产品的优劣，并且在向客户进行产品介绍时把握住机会适当地对该款产品做一些推广。久而久之，产品曝光的次数多了，客户问询的次数多了，其发挥潜力的机会就增加了，在自己已经做好了充分的准备以后，成单率会大大增加。

然后，再由点及面地去将这种方法依次地推广到其他产品，在这个过程中我们不仅学会了精产品，也知道该如何做好产品的差异化推广、营销、开发和售后。

四、人品合一

最理想的产品匠人的目标是产品和人合为一体，意思是产品的特性和品质能够通过外贸人的个性、专业和品质表现出来。产品无论做得多么优秀，没有一个载体把它的优秀展现出来是非常可惜的，我们要充当好这个载体，时刻想着产品是不能说话的，我们要为产品代言，我们不经意的一句言语、一个动作都可能影响产品在客户心中的印象，所以我们在面对客户的时候要保持绝对的专业和自信，让他们看到我们的积极形象，进而最大化地增加对产品的好感。

同理，人可以造就产品，产品也可以造就人，客户收到产品以后，除了市场热销、积极抢占市场份额和为客户谋取最大利益以外，客户会慢慢地体会产品的品质，会回想开发过程中我们外贸人所展现的谦逊、积极、乐观、负责这些优秀的品质，忍不住会对我们刮目相看，会感叹产品本身也蕴含着外贸人的精气神，这就是所谓的人品合一。

第五节 判断产品的市场，高效开发客户

虽然从出口的角度来看，任何一款产品所面对的都是全球市场，可以开发全球客户，但是每个产品都有其主要市场，最快地判断自己产品的主要市场，能够最快地找准产品的定位、高效地开发客户。所以老手在询问产品的时候顺带问询产品的目标市场，便可以大致知道产品的价格水平、市场空间、质量水平等。

一、世界分工

从产品的角度去分析世界分工，目前世界分工的格局仍然是欧美发达国家掌握着高精尖技术的产品，中国作为世界工厂为欧美大牌做生产代工，拥有部分自有品牌，同时以劳动密集型产品为主。其他发展中国家仍然以基础建设为中心，对物资、原料等各种产品有巨大的需求，进口依存度较高。随着国家政策的调整，我们会慢慢摒弃劳动密集型产品转向高精尖产品，而生产制造业则将转向人力相对来说更便宜的孟加拉国、越南、印度等国家。

二、全球市场与主打市场

◎ 全球市场可以兼容冷、热产品

全球市场的巨大潜力让冷门产品和热门产品同时有其特定的消费和购买群体，所以从意识上我们应该摆脱只盯着“热门”市场的认识，应该着眼于全球，否则很可能形成思维定式，认为所有的客户市场都一样，其实是不一样的。

◎ 尽可能多地将产品销售到不同的国家和地区

如果能将产品销售到全球三分之二以上的国家和地区，我们对于“全球市场”的理解会更深刻，会明白有些市场在乎品质，有些在乎价格，有些在乎售后，有些在乎彼此的交情，有些在乎守时等。在当前的外贸形势下，仅仅只是打交道不足以完全理解各个市场的风格和习惯，开发出实实在在的订单才能对各个国家和地区有更清晰的判断。

◎ 成单的国家和地区越多，成单率会越高

想想我们最初做开发的心态，一旦突破了某个国家的某个客户，下一次再碰到相同国家的客户时的心态是截然不同的，对客户的询价方式、订单节奏、付款方式等了然于胸——要知道很多人遇到客户手足无措，有很大一部分原因是他们之前并没有接触该国的客户，不知道客户可以突然失踪、可以大大方方地索要佣金、可以一个 PI 更改几十次。当经历过了，无论是受挫还是成单，开发成功的机会便大大增加。

其实客户开发也会产生一种气势，当我们在某一个国家的客户开发能够做到成单率 100%，会产生强大的气势，有一种异常的自信心，认为只要是该国的客户，都能成单。带着这种气势去攻克其他国家和市场，效果往往超乎想象。

◎ **主打市场的精益求精**

主打市场指的是当前产品最受欢迎的市场，也是产品从点扩展到面的基础。如果说全球市场会拓展我们的视野和思维，不断地积累开发经验，主打市场则更需要我们将市场进行详细的剖析，从客户的语言、地区、价格水平、产品偏好、材质要求、交期和船期、售后、返单率、同行等各个方面对市场进行归纳和总结，将一般印象转化为具体印象，这样更方便做精准的营销推广、产品推送、客户开发、价格谈判等。

三、不同市场的客户风格

谈到全球市场，就不得不说全球市场中各个地区客户的风格和习惯了。了解他们的大致风格，可以帮助我们在客户开发中用最合适的方式和客户谈判，不让客户感觉突兀。

◎ **欧美客户**

尊重、专业、诚信，这三个词是我对欧美客户的印象。对于美国客户，我还想加一个词灵活。大多数人觉得欧美客户难沟通，经常用居高临下的态度谈生意，这是因为自己的实力和能力还不被认可。我们来看看这个欧洲客户，当时他做的是一个技术性较强的产品，并且最核心的技术源自欧洲，所以这个客户在谈判初期有很强的优越感，说话也很强势，符合大部分欧洲人的风格。这个产品虽然技术源自欧洲，但技术的基本原理已经被各国熟知，最终需要通过产品来表现其特性，所以至关重要的是配套产品的质量和兼容性。当我在与客户沟通的过程中，展现出专业的产品知识，并提出合理建议后，客户感到有点出乎意料，他没有想到有人能够用专业和他对话，和我沟通的用词变得非常礼貌，尊重人。最直观的表现是 could you（能不能）和 please（请）等礼貌用语增多，也更幽默风趣了。在对等的实力和认知下，欧美人表现出来的尊重感很强。

这个客户当时下了一笔“加密狗”的订单。“加密狗”只是对产品软件进行保护的一个配件，为了方便清关，我们通常会在发票和箱单上标注“dongle keys sample”（加密狗样品），很少会有客户对此有疑虑，毕竟都希望安全通关。但是我在和这个欧洲客户做确认时，他立即提出了问题，要求删除“sample”字样，并且对发票内容、货币符号、大小写等一并提出了修改意见，和谈判时风趣、平易近人的风格截然相反，我意识到这才是真正的专业素养。再次发给他 PI 时，客户的付款水单也发过来了。欧美客户在敲定订单以前可能因为反复确认细节，让人感觉“吹毛求疵”，但在关键的付款环节，他们却从不含糊，这就是专业和诚信的完美体现。

我想这是大多数人对欧美客户的印象，也是大多数人钟爱欧美客户的原因。

◎ 中东客户

很多人对中东地区的客户充满了困惑，似乎一直走不到客户的心里，只能成为泛泛之交。那是因为他们对我们难以建立信任感，我们应该多了解他们的历史、文化、信仰和习俗。当我们真正做到理解和接纳这种信仰和习俗以后，客户会敞开心扉和我们谈论更多的事情，而一旦话匣子打开了，就意味着客户开始信任我们了。所以，面对中东客户，前期信任感的建立是非常重要的，相对于欧美客户以合约、条款为谈判中心的风格，中东客户更看重的是人。

◎ 非洲客户

很多人对非洲客户不信任，毕竟早期的外贸骗子较多源自非洲，其实大多数非洲客户还是比较讲信用的，而且优质客户也很多，但是一旦客户的资金或者某个环节出现问题，事情就会比较棘手，若他们无法解决就有可能采取逃避的措施。所以，最好的做法是在付款方式上选择对我们有利的方式，保证我们不会亏损。

◎ 南美客户

勤劳和真诚是我对南美客户的评价。南美客户是我接触过的优质客户。他们让我明白面对复杂的情况，勤劳和真诚是最高级的处理方式，远比厚黑等技巧高级。对待这些国家或地区的客户的最好方式，就是真诚。

CHAPTER 3

第三章

网络平台不等于被动等待

外贸客户开发的渠道无外乎线上和线下，目前比较常用的线下开发方式主要有展会、海外公司和客户拜访。展会效果每况愈下，海外公司的拜访成本高、本土化营销水土不服，这让很多人对线下开发方式采取了谨慎的态度，加上互联网的崛起，外贸人开始将重心转到线上的各大网络平台。提到网络平台，大家首先想到的是我们将产品逐一修饰、上传推广，然后就是等待客户。网络被广泛定义为桥梁，连接买卖双方，目的是让买方能够找到适合的产品。这个定义对于初期的互联网是没错的，那个时候网络平台的形式比较单一，普及度也不够，但是随着互联网的发展，以及全球用户个性化的需求激增，我们有更多主动出击的机会和方法，网络平台不等于被动等待。

第一节 线上开发客户的渠道

在网络平台开发客户之所以还停留在被动等待的状态，是因为很多人在最开始做业务时就接触了某种固定的平台模式。这种固定的模式会持续地带来客户询盘，慢慢地他们对于探索利用好各种平台的方法就懈怠了，认为那些都是不确定的。其实不然，客户开发只有做到脱离公司平台仍然可以开发才是合格的。我们来看看今天开发客户有哪些渠道。

线上客户开发平台的种类

◎ B2B 和 B2C

当前，主流的电子商务交易平台的操作流程均是业务员发布产品以后，争取更好的排名，获得更多的曝光、点击和询盘量，再通过询盘展开和客户的沟通和谈判，最后达成订单。B2B 和 B2C 针对的客户群体不一样，而且通常来说产品的属性也不太一样，但是开发的模式基本一样。这类平台因为仅仅是为双方提供接洽的平台，给国外买家一种第三方背书的印象，比较受到国外买家的认可。随着网站的流量越来越高，客户的信任感也越来越强，广告投放费用也越来越高。

在 B2B 出现以前，外贸人是通过搜索引擎来开发客户的，用开发信对客户进行邮件营销。在那个时候，互联网本就是用来分享和发布信息的，所以查找到的信息比较准确，大单的成交机会较高。可是随着互联网的发展，各种广告信遍布网站，真真假假，导致搜索引擎不得不对信息进行筛选和过滤，但是，各类信息还是无孔不入，到后来大家只得隐藏联系方式、设置相对高级的屏蔽系统。在这样的趋势下，漫天邮件开发的思路已经行不通了，精准推广和精准营销备受推崇。

◎ **社交网站**

随着互联网的发展，越来越多的人愿意将个人的想法、照片、视频、意见发布在论坛和门户网站，而互动成了大家的另一种习惯，所以各种社交网站兴起。它们或偏向于公司或者个人的照片、视频，比如 Facebook（脸书）；或偏向于新闻、想法、观点，比如 Twitter（推特）；或偏向于纯粹的照片，比如 Instagram（照片墙）、高清视频 Vimeo；或偏向于商务社交，比如 Linked in（领英）。每个网站针对的人群不同，但是它们的核心都是一样的，分享当前的心情、大事件、趋势，或在工作以外分享生活乐趣，这给了我们开发客户的一个机会。因为这些网站注册用户的真实性，可以让我们通过兴趣、标签的分类找到目标客户，再通过网站自带的聊天工具和私信与客户建立联系。

社交网站相对于搜索引擎来说更加生动和具体，也让信息的发布和传播更及时，我们可以通过客户的动态和发声更加深入和立体地了解客户，但同时，社交网站偏私人，在开发客户的时候不应该对客户进行过多的打扰，要以轻松的心态去做开发。

数据情报是指通过进出口的实时或以往数据找到相关的行业客户及其联系方式而进行开发的一种方式。最开始的数据情报是以海关数据和广交会采购商名录等形式出现的，到了后来有专门的情报系统会将出口数据进行更新，我们可以通过情报软件对行业大客户，甚至是正在合作的客户进行调查，看看他们的历史进口数据，以便进行开发和维护。

数据情报，顾名思义其方法主要是获取外贸情报，所以它是建立在挖掘同行的出口数据上的，这种手法显得不是很地道。此外，获取了客户资料和联系方式，并不一定能让客户更换供应商，最后，还是会回到产品和服务上来。

◎ **商务参赞网站**

很少有人注意到中国驻国外商务参赞处的网站，在这些网站里有驻外工作人员发布的该国的进口商名录、行业巨头，甚至是具体的采购信息或者招标信息。这类网站的作用是制造更多的业务机会，有了进口商名录，我们可以用搜索引擎查询公司的联系方式，再相应地发开发信；有了行业巨头的信息，我们可以打电话或者实地拜访，寻求合作机会；有了具体的采购信息和招标信息，我们可以着手安排报价。

网络开发的平台多种多样，开发客户时完全可以将各种方法融合，只要找到客户的轨迹、需求，就是找到了机会。

◎ **行业论坛**

行业论坛指的是国内外关于行业的知识分享和交流的论坛，这样的论坛里有国内外产品的价格、质量的对比和分析，消费者对于产品的不满和期望，甚至是求购产品的信息。搜索方式还是以产品名称为关键词。开发的方式通常是进行注册并在论坛的发布页里发布公司和产品信息，需要注意的问题是单纯地发布产品信息会被论坛屏蔽，但是一旦信息得以保存，以后很多年我们都有可能收到专业客户的询价。

◎ **聊天工具**

在客户开发过程中有一些紧急的事情需要及时解决，而邮件会有时差和滞后性，所以聊天工具更为便捷，通过在线的方式传输产品图片、视频、报告、报价单、PI 等，越来越符合当今的快节奏。

除了在线谈判和沟通以外，聊天工具也可以成为寻找客户的工具，以 Skype（一款即时通信软件）为例，在添加联系人的页面里，搜索产品的关键词会出现全球所有相关的联系人，那些联系人是行业内的客户，只要我们能通过对方的验证，就多一个商机。

我们再想想为什么在 Skype 上能够通过关键词来寻找客户？因为大多数人

在注册 Skype id 或者邮箱的时候，为了方便记忆，会把用户名设置为域名或者行业关键词，而这些就成为我们开发的机会，所以抓住思维定式并利用好它，也是开发客户的一个重要方法。

第二节 如何利用好平台

利用平台也是要讲求方法的，面对相同的平台，相似的产品有人可以最大化地发挥平台的效果，有人却迟迟不得要领。我们来看看如何利用好平台，将开发的效果最大化。

一、主动与互动

我经常听到有人说，没有客户资源，没有询盘，没有回复，所以业务无从开展。此话的意思是不是除了等待客户找上门就没有其他的业务开发方式了？要知道开发客户资源、获取询盘、争取客户回复也是开发的一部分。各类开发平台只是给我们提供了一个开发客户的渠道，主动出击才会得到意想不到的效果。什么是主动出击？

◎ 主动寻找客户资源

付费的网络平台占有越来越多的流量，随着流量的价值越来越高，询盘更多地流向了愿意花更多钱做付费推广的供应商，这并不代表我们只能坐以待毙。RFQ（Request for Quotation，询价）、访客营销等新的开发模式给我们留了很多的突破口，只要匹配性好，完全可以开发出优质的客户。哪怕我们完全抛弃付费平台，主动地通过各种网络渠道寻找客户也会有惊人的发现。

◎ 多账号发开发信

我们要学会主动地寻找客户资源，通过各种方式找出客户的邮箱、电话、社交账号，通过开发信、电话、站内信方式进行开发，这种开发应该每天都进行。当然随着各大网站过滤系统的升级，这些信件可能会被屏蔽，但是注册不同的账号可以解决这类问题。当我们在犹豫是否要注册不同的账号去获得更多的客户资源时，别人已经在埋头写开发信了，这就是主动。最重要的是收获的联系方式，每一个都有可能转化成优质的客户。

◎ **社交网络是被低估的开发方式**

除了传统的开发信以外，社交网络正在成为新的开发方式。当我们在 Instagram 里还只是停留在欣赏老外拍照的方式、角度、清晰度、创意时，有些人已经通过它开发了一个又一个的客户。当我们在 Facebook 里欣赏老外有趣的生活时，有一部分人把重心放在了客户官网的邮箱或者 Messenger，他们努力地介绍着自己的产品，争取让客户对自己的产品多一点印象。在互联网时代，只要能主动思考、主动出击，就会有更多的机会。比如图 3–1 中这个 BLIS 客户在 Instagram 和 Facebook 里都能找到官方页面，任何一种方法都可以联系到客户进行开发。

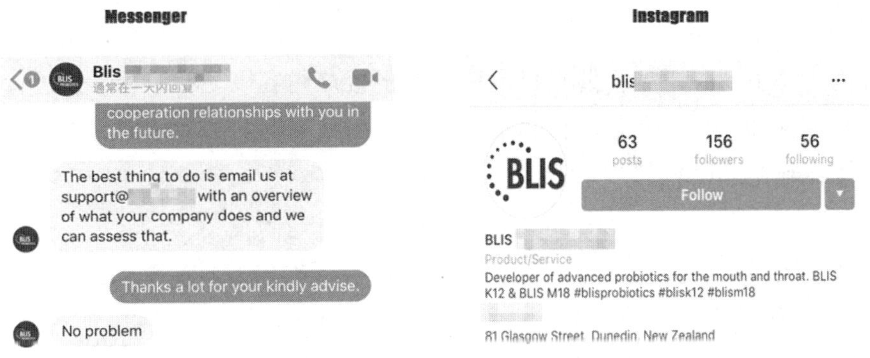

图 3–1

二、更新

更新是主动开发时最容易被忽视的操作，无论什么类型的开发平台，也无论我们发布的信息如何优秀，只有更新才能让我们的信息得到持续的、良好的展示。

在 B2B 平台里，更新的意义在于网站捕捉到我们的活跃度，产品得到优先展示的机会就更大，同时更新必然是一个提升产品发布质量的动作，发布质量提高了，客户的认可度也会越来越高。很多人对于个人账号的更新操作烂熟于胸，但是对其他内容的更新就疏忽很多。

各大社交网站除了私人账号以外，也会给我们提供企业账号的展示页面，在这个页面我们可以做简要的公司介绍、展示主打产品，甚至有些网站允许在产品上标注价格，比如 Facebook，社交网站也会慢慢地和商务融合。很多人注册账号以后就长期搁置在那里，忘记更新，哪怕是公司的一个 slogan（标语）也可以作为更新的契机，最重要的是有了更新的动作会被网站收录和优先推荐，一旦被相关客户捕捉到，机会就产生了。

三、内容

主动开发，最重要也最棘手的是开发的内容——用什么内容去吸引和打动客户。

◎ 图片、视频

在社交网站里，因为内容的主体是图片附带文字，所以大部分公司页面的内容比较简单，将新品附加简要的文字介绍，标注型号、优势等内容进行推送。此内容是中规中矩的，但它只是将 B2B 的推广内容以另外一种形式进行展示，缺乏创新和生气，我们可以更加灵活地运用社交网站的生活性，呈现和我们日常工作相关的内容。

- 参加完一个行业展会后，我们可以拍摄一段展会上各国客户争相询问产品的图片。
- 客户来访后己方和客户对产品进行讨论的现场照片。
- 以视频的方式让客户知道我们怎么将产品进行打包后处理、装柜等。
- 产品在各国消费者手中使用的场景。

这些内容更贴近生活，打破商业原有的神秘、未知的形象，将其本质更多地向客户展示，只要内容优质，被点赞评论的次数越多，曝光概率就越高，获得客户资源的机会也就越多，而且客户的相关性会很高。另外，随着互联网的发展，展示的方式也会更多样化，谁能够抓住时机，谁就率先获取了流量，这个流量会一直延续到新品上市。

◎ 文字

开发信的内容和社交网站发布的内容恰好相反，它的商业性更纯粹，所以我们应该秉持专业的态度向客户正式地介绍公司、产品，让产品的优势得到最大化的体现。正式且专业的文字会让专业客户印象更深刻，我们应该多花心思在每个词、每句话的打磨上，同时在对产品进行介绍时，要多地琢磨如何用最让人印象深刻的语句表达出产品的优势来。这种表达方式也许正好符合客户对产品的预期，机会就随之而来了。

四、投入

每家公司、每个人的精力都很有限，如何分配在不同平台投入的时间、精力非常关键。有些人专注于某一种开发方式，可是最后发现效果平平，就对平台丧失了信心。其实每个平台的投入都需要一定的时间去沉淀，在这个过程中我们要学会在时间投入、费用比例、不同产品的投放上有所区分。

◎ 时间的投入

通常来说，付费平台换来的开发资源会更优质，无论是 B2B，还是谷歌。原因是我们付的费变成了流量，我们理应投入更多的时间，将费用换来的流量利益最大化，这样一来其他的免费开发方式花费的时间相应地减少，或者利用非工作时间进行非付费平台的开发。

除了及时将流量变现，另一个需要关注付费平台的重要原因是付费平台里获取的询盘相对来说目的性更强。客户在付费平台上留下询盘，他们的采购意向相对来说会更强烈，只要我们把握住客户的真实需求，它们会很快转化成订单。而通过开发信、社交网站、行业论坛、海关数据等获取的客户，因为客户的目的性难以确定，通常谈判的周期较长。但这类开发方式积累的客户潜力会更大，所以最好的时间分配方式是在客户资源还不是非常充分时，将时间更多地投放在付费平台上，付费与非付费平台的时间投放比例可以设置为 4∶1，而在后期客户资源较为稳定后，非付费平台的时间投放比例应该相应地提高，特别是付费询盘量明显下滑的时候。

若我们将互联网上所有采购需求相关的流量看作 100%，付费平台的流量比例为 30%，非付费平台的流量比例为 70%，当我们将 30% 的有价值的流量物尽其用以后，要尽可能地去开发剩余的 70% 的流量，这就是主动开发的意义。

◎ 推广费用的投入

很多人对于推广持观望态度，因为推广效果无法保证。我知道很多公司主要的客户开发方式是谷歌搜索，通过搜索获取客户的联系方式，并不进行任何广告投放，但我认为推广费用的投放是有必要的。

我曾经做过一个实验，那个时候还没有出现 P4P（Pay for Performance，按效果付费），我在 B2B 平台里推广一款主打产品，无论我把产品的描述、关键词、图片做得如何精致，只能做到免费排名的第一名，总排名第 21 名的位置，因为前 20 名都是付费推广的产品。由于产品没有得到好的排位，询盘量并不理想，反观我为了提高产品的排名，投入了大量的时间进行更新维护。

若干年以后，在新品上市的时候，我将橱窗产品、P4P、顶级展位所有付费推广方式都绑定在这款新的产品上，由于没有太多的竞争者，所以实际的推广费用很少，但仅仅用了一个月的时间，这款产品在整个网站火爆异常，收到无数寻求代理的询盘。后来我发现只要搜索相关的关键词，显示的全是我的那款产品，这就是付费推广的作用。它可以在短时间内让产品的展示效果达到极致，从而让该产品沉淀一定的权重，而随着点击、询盘的累积，产品会持续保持较高的排位。

面对今天的外贸形势，别说一个月，哪怕是提前一个星期进行推广，其推广效果也会不同。所以，付费推广我们必须做，但我们要侧重于将付费推广做精、做细，其他的推广方式也一样。

当我们对比投入和产出比以后，会发现产出是远大于投入的，这也是大家为什么乐此不疲地抢排名、抢关键词的原因。

◎产品广告投入的差异化

由于推广费用有限，用最少的资金去换取最大的回报非常重要，而每个公司产品的热销程度、市场份额、属性不一样，自然会有差异地投入广告。

对于大多数公司来说，关键词投放最好绑定在新品、精品上，这样的绑定会将投放的效果精准化，会带动原有产品的推广。对于刚开始踏足付费推广的公司来说，要想尽办法找出行业的热门词和当年的趋势词，集中精力借助热门词将产品在最短时间内积累足够的曝光量和反馈，从而带动产品和公司的整体推广。

如果从行业性质考虑，朝阳产业、新兴行业，广告投放的比例应该相应地增加，在短时间内迅速地占领 B2B 市场，短时间内爆发的效应会帮助企业更快更好地做好市场。第一步走好了，先入为主的观念形成了，后期的投放费用可相应减少。成熟行业，投放的比例可相应减少，保持产品的活力即可，可考虑多平台、多维度的推广。

五、细节

细节往往是决定开发成败的关键，网络开发更是如此。我们来看看有哪些细节值得我们注意。

◎ 时差

当我们开始注意时差问题时，会选择适合的发送开发信的时间，避免邮件被埋没。选择适合的时间做开发，让客户以最适合的心情、最适合的状态看到我们的邮件，提高成功概率。在线聊天同样如此。

◎ 链接

尽可能多地在各个行业网站或者相关的平台网站留下我们的邮箱、网站的链接，这些链接如果不是网站主动删除是会长期存在的，而存留的时间越长，我们收到有质量的询盘的机会就越大。

◎ 图片名称

从推广的角度来看，在对产品进行上传时，很少有人会对图片名称进行相应的设置，大多数情况会用 abc、123 等作为文件名。但是，互联网的机会无处不在，如果我们用产品的完整型号命名，这幅图片无论转载到任何地方，都有可能显示我们的初始型号名，而这个名称可能正好是客户搜索到我们产品的关键因素。

第三节 将个性融入平台

一、发布内容

在发布的内容中加入自己的个性元素，让个性变成优势和卖点。

◎ 关键词

我们知道发布产品信息发布最重要的是关键词，尤其是标题的关键词，一旦我们设置的关键词匹配到了客户的搜索词，信息就会被优先展示，成效斐然。关键词不是一成不变的，随着行业的发展，客户搜索的关键词会更加精准和个性化，这就是我们的机会。当我们把平时生活中追的剧中的一个词，或者自己喜欢的外文歌里的一个精妙的词借鉴到产品关键词上，可能会迸发出惊人的效应。特别是在社交网站，平台会推送各种各样的话题，将个性的词语作为修饰语关联到这些话题，其曝光量和点击量会大幅增加。

通常来说，当前流行的事物是最能获取流量的，如果我们正好抓住了某个流行的词语、图片，其推广的效果会非常明显。

◎ 独特的理解产品的方式

对产品的独特理解也是释放个性的一种方式，而这种独特的理解很多时候会带来意外的惊喜。打个比方，很多人喜欢二次元的相关元素，如果他们的产品正好与二次元相关，他们的个性作用会发挥到极致，因为他们对产品有着旁人无法企及的理解和观点，这些富有个性的思维是吸引客户的法宝。随着行业的不断发展，新的客户需求更多的来源于年轻人，而这也是新一批外贸人的机会，大家要培养更多的兴趣爱好，发挥个性，获取更多的机会。

◎ 个性与垂直领域的研究

未来外贸行业的发展趋势应该是综合性的产品类目细分到各个垂直领域，原因是垂直领域会让该行业越来越专注，越来越精细。个性的作用就发挥出来了——与众不同的习惯与研究会让自己独树一帜，这正好是垂直领域最缺乏的。打个比方，你在宠物和宠物用品上有着超乎常人的理解，那么你在产品线、产品推广、产品趋势的把握上就更为准确，甚至会左右行业方向。近几年来，大疆无人机和讯飞语音因其精湛的技术备受大众推崇，它们开始并非是大众认可的产品，但是随着产品逐渐深入人心，它们制造了行业标准，左右了行业的未来，这就是个性与垂直领域相结合的最好体现。

二、审美

每个人都有自己独特的审美习惯，这些审美习惯影响自己对事物的判断，这种判断有时并非是有迹可循的，可能就是一种感觉，或者是一种共鸣，但是它很重要，可能就是我们在某一个点上的审美让客户动心。

举例来说，公司网站的风格、产品图片的风格、自定义品牌的设计风格，这几种风格展示出来以后，客户大致就可以猜出公司整体的文化、气质、审美。

◎ 色彩及搭配

在色彩搭配上，有些人喜欢浓墨重彩，有些人喜欢云淡风轻，有些人喜欢五彩斑斓，有些人偏爱黑白分明。无论是怎样的色彩，要给客户一个清晰的印象，这就要求我们自始至终表达出一致的审美，特色鲜明。

浓墨重彩会给人热情奔放的感觉；云淡风轻会让人感觉到朴素 ；五彩斑斓会衬托出产品的活泼与生气；黑白分明够制造出神秘感。每一种色彩搭配体现的是不同的个性，配合产品自身的气质，所表达出来的感觉是完全不一样的。而生活本来就该如此，就应该有不同的色彩，这正是个性与平台相得益彰的完美体现。每个人都有自己喜欢的颜色，在需要用颜色渲染产品的时候第一时间总会想到它，记住这个颜色，并利用好这个颜色，找出和产品相符的地方进行放大，这就是个性。

◎ 图标

从表面看，图标只是象征性的符号，只要能够表达出产品的理念就可以，但是个性可以让图标表达出不一样的情感，在某一个时刻反映我们的心情。

苹果公司善于把自己的个性融入产品中，它利用图标表达个性的方式也令人印象深刻。我们都知道，iPhone 删除某个 App，只需要长按该 App 就会显示出删除的提示，关键的地方是一般人在图标的设计思路上删除的表达方式可能仅仅是“×”，而苹果公司的表达方式就极具个性——除了“×”以外，满屏的 App 都在抖动，图标的抖动立刻赋予了 App 生命，给人的感觉是每个 App 都在紧张地颤抖，害怕被删除，让操作手机的人思考再三，到底要不要删除，显得形象生动、有个性。

◎ 符号与表情

如果说苹果公司的表达方式太高级、太遥远，那么符号与表情应该是所有人都可以发挥的地方。一个看似不经意的表情可以表达出文字无法企及的深刻内涵；一个简洁的符号可以让客户准确地找到产品的亮点。更重要的是，这样的表达方式更幽默、更有趣，它会让原本静态的图片更立体。

符号和表情是当前的潮流与趋势，也是更为简洁的一种表达方式，只有个性化地运用它们才能完全发挥出它们的作用。

第四节 平台开发的新思维

行业的发展离不开新的思维，谁能够更快地适应新思维，谁通过平台开发的成功率就更高。我的固定思维和调整方法主要有以下几点：

- 被动等待——被动等待已经不适合当前的形势，要更积极主动地利用好各种开发平台积累客户资源。
- 时差与滞后性——各类社交工具、聊天工具增加了沟通的及时性，当别人擅长在线开发、解决时差问题时，我们还采取保守的跟踪方法，或多或少会丧失机会。
- 开发内容为工作话题——工作话题较为严肃、沉重，会给客户带来心理负担，要学会制造轻松的话题。
- 表现形式为图片及文字——随着科技的发展，传统的文字和图片的信息展示方式优势不明显，应该积极地学习新技术，并运用到平台开发上来。

除了这些原有的固化思维需要及时做出调整，以下这些平台开发的新思维和新趋势也要尽早地适应。

一、数据沉淀

店铺的交易数据一直是各大平台想及时监测和展示的，原因是这些数据的沉淀可以为后期的流量倾斜，为评价系统、销量系统的搭建做铺垫，这样一种数据沉淀的方式必然会引起很多人的不适，但确实是谁率先做起来，谁就能获得越多的流量。这就是付费平台的思维：当买家出现流失迹象时，就会从供应商端做出调整，而在平台的规则下，流量的分布已经固化，谁率先接受了这样的趋势，谁就能争取到更多的商机。有些人比较在意隐私，有些人不习惯线上冗长的操作，但还是会有人想出办法，比如沉淀新客户的交易数据，也会取得一定的效果。

再看看其他的平台，比如 Facebook，我们都知道 Facebook 的公司页面有一个点赞功能，它其实就是一种数据沉淀的方式，点赞的人数越多，该公司在行业的影响力就越大，流量和排名自然就会越高。除此以外，很多外贸公司会设置一个照片墙展示公司的实力，上面都是员工与不同国家客户的合影照片，这也是一种数据的沉淀，一旦有新的客户看到照片墙，对供应商的信任感会倍增，开发效果自然更好。

二、客户精准推广

客户精准推广指的是当行业发展到较为成熟的阶段，目标市场、产品定位、消费人群等均有非常清晰的界定，我们要集中精力和资金进行精准的推广，这样的推广效果会更好。

有一些付费平台已经开始精准推广，关键词不再是投放的重点，而是将推广的维度细分到客户的语言，客户所在的国家或地区，客户搜索或者进行采购的时间、数量，常用搜索关键词等。这样一来，我们就对客户的把握更准确，和客户的搜索习惯更匹配，推广的效果更明显。

三、大数据

大数据反映的是相关人群的消费习惯、消费水平、消费能力，这些数据对于掌握行业的发展方向、客户的消费习惯等有极大的助益。以往的开发方式可能较为盲目，因为不知道产品会面向哪些国家的客户，所以在价格、产品功能，甚至在品质方面均有自己的一套标准，这套标准大多是在国内的销售情况上稍做调整。有了大数据以后，我们的目标性更强了，特别是对于新兴行业来说，快速地找到目标市场是非常重要的，它意味着产品能够在最短的时间投入市场。

从推广的角度来说，大数据会准确地反映某个阶段行业的某个关键词的上升趋势，而这个关键词可能正好是在某个国家热议的词，我们抓取这个词做推广，会有意想不到的效果。

四、社交网络与搜索引擎相结合

搜索引擎会保护和隐藏个人信息，所以单纯地用搜索引擎可能找不到客户的相关信息。而社交网站的意义就在于分享和互动，这就要求对个人信息进行认证和一定程度的公开，所以它给了我们很多机会。在社交网站验证搜索引擎的结果，或者将社交网站里的客户信息放入搜索引擎进行搜索，出来的相关信息会更多，更有价值，这种互相验证的方式会大大地增加客户相关信息的数量，相关信息越多，获得准确的联系信息就越容易。

除了获取目标客户的准确信息以外，在社交网站获取相关客户的信息也会更容易，在社交网站里每个人都有一个“标签”，有相同的兴趣爱好、相同行业的人会划分到同一个类别。比方说A和B都对平衡车非常有研究，发布的内容也和它有关，那A和B就会被划分到平衡车这个标签中。当我们把A作为目标客户时，网站很有可能会推荐B的信息，这样一个新的目标客户就出现了。

第五节 重视和尝试新的技术

在当下，各行各业每天都有革新，不同的行业之间还会互相渗透和融合，这就要求我们除了努力地进行客户开发以外，还要能学习与开发相关的技术，并灵活地运用到实际的开发过程中。技术的革新能够在一定程度上提高效率。

一、注册谷歌地图

我们都知道可以在谷歌地图中直接搜索关键词，搜索的结果都是企业端的客户，客户的公司名、地址、电话、营业时间等相关信息会显示在地图里。所以，我们搜索关键词的时候可以找到行业相关客户进行开发。那我们反过来想想，自己的公司信息是不是也可以在谷歌地图里进行展示呢？答案是肯定的。

通常来说，公司官网会有一个联系页面（Contact us），在这个页面里会留下公司的详细联系信息，供客户查找和来访。有一部分客户并不是事先确认公司地址再拜访公司的，而是来中国后再根据公司联系页面的地址进行查找，所以添加准确的公司信息非常必要。方法其实很简单：

- 输入自己的地址，新增商家。
- 注册，输入公司名称、位置、营业等信息。
- 网站审核和确认商家。
- 将公司在谷歌上的地址嵌入网站。

这样做的好处是公司信息被谷歌地图收录，而收录以后会增加公司在各个平台的曝光率，客户在谷歌搜索引擎上进行搜索的时候会自动跳出公司在谷歌地图上的地址，便于客户直接联系。手机版的谷歌地图更是可以直接发送信息。

二、全景地图显示公司、工厂全景

我们先看看官方对于全景地图的解释。全景地图，也称为360度全景地图、全景环视地图，是用三维图片模拟真实物体的地图，浏览者可以拖拽地图从不同的角度浏览真实物体的效果。如果说谷歌地图的使用是将公司作为一个点，再在世界地图上进行标注，那么全景地图的作用是将这个点适当地放大，并以360度环视的方式让客户有一种身临其境的感觉。

通常来说，我们和客户之间远隔千里，客户总会忍不住想看看我们的实际办公场所和生产车间，全景地图正好可以解决这个问题，将公司的俯瞰图制作成全景地图，给客户身临其境的感觉。最重要的是，让客户对公司的整体面貌、工厂概况等有大致的了解，这是远胜于文字的。

三、视频

视频兴起已经是时代的趋势，在未来视频引流会成为主流，原因是视频更为真实、及时、形象，这些恰好是买家最关心的。文字和图片所传递的信息是平面的，它们帮助我们了解产品构造、产品参数、产品优势，但是产品本身是立体的，如果以视频配合音频进行介绍，介绍内容的完整度和可信度也会大大增加。好的视频能够让客户在最短的时间内抓住产品的特点，了解公司实力，所以提前去学习视频拍摄和制作是非常有必要的，在后文中我会对视频拍摄进行说明。

⇧

四、B2B 的信保 &O2O 功能

信用保障是付费 B2B 平台提出来的，以公司历来的实际交易金额为参考基础，进行信用评估，并得出一个信用值，在该信用值上发生新的交易额可以实行信用担保。简单来说，就是将交易额转化成信用值，再通过第三方机构对新的交易进行担保，而担保的参考维度就是这个信用值。

信用保障是另一个趋势，由于操作起来较为复杂，所以增加了很多的运营成本和运营时间，但是我们可以做一些尝试，去了解信用结构和思维，或许未来的交易方式会随着信用慢慢地发生改变。

O2O（Online to Offline）是指线上到线下的推广，比如线上 B2B 平台与线下展会结合。这样的结合是以专业的方式将产品通过线上和线下同时进行营销，如环球资源电子展，其 O2O 模式可以将线下展示的商品通过线上下单，产品会在 48 小时内发送给客户，这也是一种新的体验和探索方向。

CHAPTER 4

第四章

开发客户的制胜法宝：灵活

开发客户能力的高低并没有清晰的临界值。但我们急需做到面对任何产品，任何国家、任何类型、任何年龄层的客户都能够发挥超常的水平，克服所有的困难和阻力把客户争取下来，灵活正是我们面对任何境况都能出奇制胜的法宝，是我们需要加以磨炼和提升的素养。很多人无法将询盘和客户资源转化成实际的订单，原因在于无法突破思维定式。每一个客户的开发都是一次崭新的突破自我的过程，所以本章我通过对心态、思考问题的方式和开发技巧的剖析，向大家阐述如何更加灵活地进行客户开发，提高成单率。

我认为的灵活是指见招拆招、借力打力、化腐朽为神奇的心态和能力，它是业务员在经历大量的客户开发、客户谈判、客户成交，甚至是客户丢失以后总结出来的方法。我们要反复思考在一个成功的客户或订单上我们可取的地方，更应该认真总结在一个失败的客户身上我们哪些事情做得不够周到。我们应思考在客户开发过程中哪句话、哪个词用得有待商榷，以后再遇到类似的问题时我们可以灵活处理，换个说法，换种表达方式，换个词，也许订单就不会拱手让人了。

第一节 主动思考与运筹帷幄是开发客户的核心

“开发”这个词从字面上理解是主动去开拓的动作。在当今这个经济大环境下，我们需要改变的是被动等待的思维，不应该等待生意找上门，或者等待客户给出回复，再做出相应的答复和反馈，而是应该主动地开拓和思考，思考客户有限的询价和潜在担心的事情、可能会提出的问题，对这些事情和问题做好预判，并想好应对的方法。我们要努力始终抓住谈判的核心，并运筹帷幄，将整个开发过程最大限度地维持在正常的开发轨道上，这样才能最高效地做好客户的开发。

用比喻来形容这种主动的思维：我们在业务开发中的作用就好比掌舵者，摆在我们面前的是千万条不同的开发之路，我们能够决定业务开发这艘船的航行方向，无论在整个航行过程中遇到怎样的风浪、暗涌，我们都可以做好预判，巧妙地躲避风险，将客户带到彼岸。

一、主动永远是开发的关键

从业务开发的渠道来说，如果我们还停留在将展会当作主动开发的唯一渠道，那我们就已经远远落后了。这几年除了海外展会以外，很多外贸企业以海外公司、海外仓、海外办事处等符合本土化推广需求的主动开发方式默默地开拓着国外市场。要知道国际贸易的本质从某种程度上来说就是信息不对称产生的机会，所以，如果我们能找出不对称的信息，寻找到机会，并加以突破，开发效果将是惊人的。我们来看看主动开发客户的新方式。

◎主动走出去，解决收付款问题

非洲有一些国家对我国生产的蜡布需求量很大，但因为部分国家的企业的资金比较紧张，所以，我国很多的公司不得已选择了后 T/T 的付款方式，待非洲当地的经销商把产品卖出去回款后再付款，长久下来再优质的非洲客户也会出现逾期的情况。于是，我国很多公司选择在当地设立办事处，一是帮助当地代理商完成货物的清关及售后工作，二是负责督促收款，三是可以及时了解当地消费者对蜡布风格的偏好，从而反馈给国内工厂，调整和生产符合当地喜好的款式。

◎外籍人员主动出击

上海很多外贸企业在业务开发团队的打造上完全以语种区分，比较常见的是以俄语、英语、西班牙语、德语、葡萄牙语来划分不同的业务小组，分别负责对应语系的国家进行市场开发。而团队的人员来自相应的海外国家，他们要么是在上海定居的外籍人士，要么是留在上海工作的留学生，对自己国家熟悉度高，且在本土语言以及对本国客户的了解方面有天然的优势，每年的销售额成几何倍数增长。当然，组建这样的销售团队跟上海国际化城市的地缘优势分不开，但是这种主动思考和寻求改变的想法是可以借鉴的。

◎ **B2B 询盘开发模式也可以更主动**

（1）主动寻找符合客户搜索习惯的关键词，不断地更新，让客户搜索的结果尽可能多地落实在我们的产品上。

（2）主动留意国际大事件，及时主动地关心和关注客户所在国家的时事动态，先做朋友，再做生意。

（3）主动给客户做好产品推荐，给客户更多的选项参考，多换位思考，站在客户的角度考虑成本，必要的时候主动报运费。

（4）在工厂的生产人员或者工程师给出的答案无法解决客户问题的时候，我们要主动去寻找解决方案，而不是直接告诉客户无法解决。

◎ **主动探索和使用网络工具**

（1）Google talk，依附于 Gmail 邮箱的聊天工具。如果对谷歌的产品足够了解的话，应该知道一款名为 Google talk 的在线聊天工具。这款在线聊天工具是基于 Gmail 邮件系统开发的，当双方都在使用 Gmail 邮箱的情况下可以看到对方是否在线。在 MSN（Microsoft Service Network，微软公司旗下的门户网站）、Yahoo Messenger（雅虎通）、Skype、What's App Messenger（一款通讯应用程序）等主流的在线聊天工具风靡全球时，注意到此功能的人只有千分之一，而主动利用此功能和客户交流的人只有万分之一。我和一个客户达成订单，是从一句 hola 开始的，整个开发过程大概进行了 3 次 Google talk 沟通，订单就确定下来了，从最初的客户接触到最终的打款只用了两个星期。

相较于 Google talk 这款聊天工具，现在的 Facebook、Instagram、Linked in、Twitter 均有先进的聊天功能，准确地查找客户信息也更方便，我们没有理由继续等待潜在客户发均盘，而是应该主动利用这些开发工具。

（2）Skype 添加联系人页面搜索产品关键词。如果我们对开发客户有极致的渴望，便可以知道在 Skype 上能够通过关键词查找到相关联系人。比如我做 LED Light，我可以在添加联系人的页面搜索 LED Light 关键词，找到全球每个国家做 LED Light 的联系人，也许这个联系人只是一家 LED 灯店的营业员，也许这个联系人不懂英文，但是他和行业相关，这就是机会，是主动开发的机会。有一次，我向公司一位新来的业务员介绍这个方法后，他联系上了一个马来西亚客户，瞬间发现了“新大陆”。

主动对于开发者来说是一件很难受的事情，但是等我们逐渐适应了这种主动，会明白开发的真正乐趣就是不断地寻找突破口，主动可以激发出我们开发客户的潜能，促使我们寻找新的开发方式，而这些新的方式往往伴随着巨大的商机和无限的可能。

二、坚持才能看到希望

很多人知道开发客户是一个长期的过程，通过长期的积累才能发现机会，但是大多数人会因为看不到希望，接受不了一次又一次失败的打击和创伤而选择放弃，殊不知机会和奇迹更加青睐坚持到最后的人。下面我们来看看两个关于坚持的小故事。

◎新人 6 个月的坚持，功夫不负有心人

我知道有一个外贸新人，他开始的目标很简单——能独立做外贸业务，能和客户谈判，能直接面对国外客户。他很执着，很勤奋，很积极努力，但是作为新人一直缺乏有效的谈判技巧，产品知识也不够专业全面，导致他一次次在客户开发的关键时刻丢失客户。他不懂得如何灵活地将有效信息处理成让客户可以接受的信息，使他一直无法突破零订单。对于业务员来说，没有订单，没有业绩连呼吸都是错的，每周的业务例会中听着其他人汇报跟进新老客户的情况，而自己手中连一个成型的客户都没有，他发现每个人看他的眼神都不一样了，后来，他感觉自己似乎成了别人眼里嗤之以鼻的笑话。在那段时间，所有的解释和努力都毫无说服力。

他开始拼命地发开发信，从一天 500 封到 1 000 封，99% 的开发信石沉大海，但是一旦收到客户的回复他就倍感珍贵，甚至连收到客户不礼貌的“damn it”（见鬼）都会开心一整天。为了让自己变得更加专业，他开始不分昼夜地向工程师、技术人员、船务、老板询问产品的原理、售后和运费等，刚开始他引起了所有人的不适，但在这样一种近乎疯狂的状态下，他的专业知识和技巧不断提升。

故事的发展理应是一个大买家眷顾了他，他从此扬眉吐气，走上人生巅峰，但是实际情况是 6 个月的时间快到了，他一个潜在的客户都没有，按规定 6 个月没有订单会被公司开除。在临近 6 个月的倒数第三天，他的 MSN 上突然有新的添加请求，来自英国的 IAN，客户一来便谈到要配件，打字速度非常快，但语法非常严谨、有规则，直接从配件谈到快递费、付款方式。中途，他的经理从办公室出来在他背后看了看欲言又止。一个下午的时间，所有的细节都谈好了，客户告知他会安排付款。这个时候，经理抱着一个盒子从办公室出来让他过去帮忙打包，打包的正是这个英国客户所需的配件订单。他才明白他的坚持没能感动他的客户，但是触动了公司的人，公司为了留着他，把经理的老客户订单转给了他。因为担心煮熟的鸭子飞了，经理还在他的背后看了又看。但是这确实是他人生的第一单，这个外贸新人就是 Chris。

第二个月，我终于接到了人生中第一个真正意义上的订单，在接下来的日子里，我的订单量逐渐超过了经理，超过了整个业务团队。回过头想想最让人怀念的其实就是那段没日没夜发开发信的日子，每天都期望着客户能够眷顾自己，但一次次失望甚至是绝望，在这个过程中我磨炼出了一种不惧任何客户打击的心态，反倒是越打击越有信心，因为再沉重的打击我都经历了。这是一种从内到外的升华和蜕变，是唯有坚持到底才能深刻领悟的。

巧的是，若干年后，当我负责管理工作，从一个局外人的视角看待这种如出一辙的坚持，会看得更透彻。

◎ 老手旁观、指导新手，深悟坚持的魅力

当时公司业务上了一个新台阶，为了满足业务需求，新招聘了几个业务员，其中包括业务员 A 和业务员 B。

业务员 A 不善言辞、个性固执、不通人情世故，所以很长一段时间内，他都无法融入业务团队，无法向采购员获取最直接、最完整的信息，无法跟操作员获得最好的运费等。此外，他还因为个性耿直跟大部分业务相关联的同事闹得不愉快，久而久之陷入恶性循环，他却浑然不知问题到底出在哪儿。

记得当时采购、质检、操作、跟单等部门的同事相继向我提出 A 做事太固执、缺乏沟通能力等，给他们的工作带来极大的阻力。我向他们保证会提醒 A，但是其实这些都不是我看重的，我看到的是 A 在和客户沟通过程中的坚持，在毫无希望的时候仍然想尽一切办法去满足客户的耐心，是在客户明确说明 No way（不可能）之后还会一笑而过的释然，是为了获得更好的客户回复效果，放弃休息的时间，选择在客户的工作时间内发信息的耿直。他把这份执拗带给了身边的同事，自然带给大部分人不适感。A 来了 3 个月，一直没有明显的开发效果，老板也开始动摇，向我提出："当初其实我不看好他，可是你执意要这个人，现在看来他的开发确实有很大的问题。"我以才 3 个月时间说这些话为时过早为由搪塞过去了。又过了一个月，老板又找到我："他不行，其他人都觉得他太难沟通了……"我说："我保证他可以，再等等看。"

6个月的试用期即将要结束，我明显感觉到A有压力，但是别人的质疑我从来没有转述给他，相反每次例会我都会告诉他慢慢来，不着急。为了能更快地帮他出单，我开始让他将他犹豫的邮件转给我看，慢慢地我发现问题了，他的邮件缺乏感情，每次回复都惜字如金，让客户看不出A的态度，到底是热情、关心、不屑，还是为难，很多时候客户的邮件已经带有明显的感情了，他还是很耿直地回复。于是，客户也开始收敛自己的情感，变得冷漠。记得当时他在洽谈一个澳大利亚客户，我保留他邮件80%的内容，但是在邮件开头、结尾以及个别关键的用词上使用更亲切的词语，并用红色字体做了更改，再将邮件退回给他，来回几次以后，他终于意识到问题在哪，并予以改进，之后客户回复的频率明显增加了。我开始让他自己回复邮件，只在他无法做抉择时帮他做决定，不久以后这个客户就下单了。

我开玩笑地说："这个订单提成要分我一半。"平时话语很少的他，对我说了声"谢谢"。自那份订单以后，其他订单源源不断地"砸"向他，所有的质疑声不攻自破。

我看到了他的那份坚持，也是那份坚持让我帮他顶住了外界的压力，给了他最好的业务开发环境，而邮件的点拨，我认为在前期的客户开发和积累的过程中他早已意识到自己的不足，只是我帮助他加速认清了这种不足，效果才会如此明显。

再看看同一时期进入公司的业务员B，他的性格和A截然相反，善于表达、沟通能力很强，深得同事的喜欢，属于非常有灵性的那一类人。

这样的灵性自然而然地也会感染客户，他来公司两个月就通过开发信联系上了一个北欧客户。但是，两个月的时间内他无论是在产品专业度还是在对工厂的配合以及进度把控上都有欠缺。从公司的利益出发，秉着客户至上的原则，我一直帮他弥补着产品知识和工厂配合协调两个方面的缺陷。随着他和客户的谈判越来越深入，问题也越来越多：产品做设计、产品交期、样品、工厂交货期等都出现了问题，到后来客户只要发了邮件，他就着急地过来询问我。最后，我帮助他将客户争取下来，但是在整个开发过程中，他几乎只是起到了传达的作用，并没有进行深入的思考，反而让他觉得客户开发的整个过程没什么难度，一切都顺风顺水。这造成了一个严重的后果，在后期的客户维护过程中，出现了很多问题，他感受到了前所未有的挫败感，最后他选择离开了我们的团队，回到他原来的行业。

当然，如果缺少一个给予 A 机会的人，也许 A 会走上另外一条截然相反的道路，但是外贸行业正是因为有一个又一个愿意去支持和帮助新人渡过难关的人，才让它更加有魅力，这也是一种传承吧。

以旁观者的视角看待两个外贸新人的开发历程，我进一步明确了坚持对于开发的意义。有人认为做业务最重要的是天赋，好的天赋可以解决一切问题，开发客户也能顺风顺水，但是我认为没有坚持，没有坚持过程中对心态和能力的历练，再好的天赋也是徒劳，真正明白坚持的深刻意义的人，才是最懂得业务开发的人。

三、用自己的累换客户的舒心

完成一笔订单要历经一个纷繁复杂、一波三折的过程，因为开发客户意味着两个人（或公司）从毫无关联到产生交集、信任，再到依赖，无论订单大小，寻找客户、建立联系、报价、还价、寄样品、算费用、生产、检验、付款、发货、售后等环节一个都少不了。我们做得少了，客户担心和费心的事情自然就多了，所以道理很简单，让自己累一点，客户会更舒心一些，开发就更简单一些。

有人觉得我们不应该太惯着客户，付出的比例应该是一半一半，我们以一种“不挑事也不怕事”的态度去做就够了。纵观我开发的所有客户，客户可能面临的问题或者潜在风险，都是我主动提醒和催促客户去规避的，我甚至会帮助他们寻找解决办法，这种积极主动的开发态度，让一个个客户把订单放心地交给我，他们只需要考虑如何将销售规模做大。

举例而言，这是一封新加坡客户的邮件：

Dear Chris,

We are a GDP certified company and it's our duty to ensure our suppliers are from GMP companies.

Please advise location of your factory and we will arrange a visit next year.

If you source your products from other factory, we would like to ensure you we will not deal with them directly after the visit.

We believe in long term business if you are able to continue to provide quality products, services and good price, we have supplier doing business with us for more than 40 years.

We purchase our products from a factory in Indonesia till an European bought over the company.

We had contacted a few companies in China and found you are able to understand what we want. Hope we can continue our business for many years to come. Thanks.

这是一封客户认定只和我所在的外贸公司进行合作的邮件。这个新加坡客户以前一直向印度尼西亚一家工厂采购，但是后来他的供应商被一家欧洲公司收购了，所以他不得不另寻供应商，客户在我国众多的工厂、贸易公司中选中了我所在的公司。从试单到大货到长期订单，从产品成分、标签、设计、商检到出货，我都安排得井井有条，从邮件中可看出客户说“if you source your products from other factory”（如果你从其他工厂采购），“we would like to ensure you we will not deal with them directly”（我向你保证我们不会直接从那家工厂采购），从这次合作来看，这位新加坡客户是一个非常真诚、讲信用的人。我所在的外贸公司能够做到让客户主动地说不和工厂合作，是非常不容易的。另外，客户在邮件结尾也清楚地说明原因：“you are able to understand what we want.”（你知道我们到底想要的是什么。）他的言外之意是我们更“懂他”，这个懂他并不是我们对他的要求非常了解，而是相较其他工厂和外贸公司，我所做的、考虑的、承受的要比他们多很多，来看看我到底是在哪些方面让自己更累，同时让客户更舒心的。

◎能清楚知道客户要什么

这个“要什么”不仅仅是客户说他要某种产品，也不仅仅是我们罗列一个系列的产品给他，而是作为他的搭档去为他考虑什么样的产品适合他。这就要求我们必须对自己的产品烂熟于心，且知道客户的目标市场需要什么样的产品；能够预判整个交易过程中会遇到什么问题，怎么样最直接最明白地和客户做确认。

在这笔订单中有两个非常关键的问题。一是产品成分，我结合客户对成分的要求以及对客户市场的判断设计了一款含新成分的产品并要求工厂打样，最终客户认可了这款产品。在这个过程中我发挥了我的产品专业能力和想象力，为客户制造了一款新产品，可能比他以前的产品更好。二是设计能力，客户原有标签的设计图稿（满版面），需要更换调整成新的，在整个调整过程中，客户对字体、字号、行间距、字间距、颜色都有极高的要求，而且会反复调整。整个版面调整了一个月时间。一般工厂是不可能有耐心并每次迅速及时地做出更改的，而在此期间我负责了所有设计的更改。几十次的更改中，我均在客户提出修改要求以后半个小时内给出修改后的内容，这就是专业、耐心和认真。可能有人会问，如果客户在休息日提要求呢？我基本上可以预测哪些客户会在什么时候发来邮件，大概会有什么问题，然后，我会提前做好准备，休息日也不例外，这就是所谓的经验。这些事情职业买家看在眼里，久而久之，信任就产生了，并且会越来越根深蒂固。

◎ 让客户看到我们做事的魄力

客户看到的是我展现的能力，还有一些能力是客户没有机会看到的。比如，还是上面的案例，在新产品的成分确定以后，打样费、检测费、快递费等加起来数额不菲，而新开发的客户暂时没有下订单，我如何能够说服公司预支相应的费用。我当时很坚决地表示样品必须做，就是这种坚决让公司看到了信心，换来的是客户很快取到了样品，推进了试单的进程。很多时候外贸公司是会被非业务因素影响的，因为它毕竟不如工厂时效性强，但是我们如果更果断、更有魄力，是可以给客户带来不逊于工厂的体验的，客户省心了，自然就会越来越依赖我们。这种魄力可以表现在很多方面，最终呈现出一种“行云流水”的处事作风，但是魄力的背后也会背负相应的压力。

◎ 给客户别人无法比拟的信赖感

案例中的客户最开始是在阿里巴巴上发了一个比较“泛”的询盘，询盘内容并没有体现出很强的采购意向，在前期的沟通中客户只是表达了他的基本采购要求，而且沟通频率不高，后来开始涉及产品成分，才逐渐增加了沟通频次。在整个沟通过程中，我展现给客户的印象是：

- 对他的询盘足够重视；
- 对他的问题足够重视；
- 对他的成分要求足够重视；

● 对设计更改重视、及时、有求必应。

所以，不断沟通后客户会发现其他的供应商（外贸公司或工厂）没有一个像我这般重视、坚持和专业，久而久之客户就对我产生了别人无法比拟的信赖感。

◎ **把困难看成机会**

在整个谈判和沟通的过程中困难对所有供应商而言都存在，只是程度的区别，能够抓住机会在困难重重中找到解决问题的方式方法并得到客户认可，才是最重要的，而不是将难处抛给客户。如果你把问题抛给客户，而其他人能够解决问题，客户自然而然地就会产生倾向性。迎难而上，才是解决问题的最佳方式，也是保持客户黏度的最佳方式。

有的人可能会觉得我们长期如此做，势必会宠坏客户，导致自己在以后的客户维护中处于被动。其实，我们的每一份付出和努力，客户是感受最直接的，从来没有一个客户会因为我的不懈努力而盛气凌人，相反他们回报给我的是尊重，是依赖，是谅解，甚至是赴汤蹈火。

四、永远比客户多考虑两步

运筹帷幄应该是对好的客户开发方法的最好描述，它要求我们对整个客户开发的流程有完整的理解，在面对不同类型的买家、不同国家的客户时能够针对他们的商务习惯、谈判方式做出最合理的安排，一旦出现任何偏离正常开发轨道的事件，能够及时修正和调整。世上没有谈判的天才，只有预先对开发的形势做好判断，提前考虑好后面的可能性，才能够在发生意外时及时把控。这种预判在最开始的时候可能不准，但是随着开发经验的积累，会越来越精确。

我们以 B2B 平台的开发为例，看看如何一步一步地做好后两步的预判。

● 在发布产品的时候，我们可以多留心观察同行业公司发布产品时使用的整体色调、产品页面布局、关键词、修饰词的排序、价格区间、起订量，甚至是付款条件。思考客户在进入网站的浏览页后会产生怎样的体验感受，我们完全可以做出不一样的产品展示效果，让客户有点击产品的欲望。

● 在收到询盘并确认询盘的真实度以后，应该对初始询盘里的内容做标注。标注的意义在于谈判时紧紧围绕询盘里的关键点，如起订量、交货期、模具费、OEM、价格等。客户主动提及的问题必然是他在发送询盘时能够想到的重要信息。同时，我们要通过询盘对客户的需求进行初步的、整体的归纳和分析，判断客户是新手、职业买家、专业采购，或者是中间商、终端客户、进口商等。这些分析是为了让后面产品谈判有侧重点，让我们在谈判形势并不是特别清晰的时候，能够更多地站在客户的角度思考问题。

- 报价阶段需要做好的是将客户询盘里所有提及的问题给出详细且专业的回复。至于价格的设定上，在初期阶段最好能够反映产品的平均价格。让客户通过不同价格的对比，大体知道我们产品的质量水平。同时，我们最好能够掌握同行的价格区间，揣摩客户在看到我们产品的价格时的反应。在报价上，最好是在所有的问题及价格做好确认以后第一时间发出，客户的心里一般会对供应商回复报价的时间打初始印象分。
- 客户回复报价以后，我们应该明确客户对于产品的价格是否接受，也就是此价格是否在他的采购范围以内，若答案是是，后期在价格和质量谈判时会更有底气一些。这个时候客户会相应地追加提出一些对产品的新问题，以全方位地判定产品和他的需求的契合度，因此这个时候我们应该展示给客户非常专业的形象，对客户提及的和不方便说出口的问题都能够做出专业的回复，用专业赢得客户的印象分。
- 在产品问题上我们与客户沟通几个回合以后，会逐渐地进入样品阶段。进入样品阶段是非常关键的，客户愿意进入样品阶段，说明他对于我们前期的沟通是认可的，对供应商有着不错的整体评价。同时，进入样品阶段，说明客户的采购意向非常明确，这可以预判出在样品通过以后谈判节奏应该会非常紧凑，我们要适应客户的开发节奏。如果节奏突然变得缓慢，就要及时找出问题所在。不过，在这个时候开发成功的概率可以达到40%。
- 等待样品反馈的阶段是比较煎熬的，一是因为快递需要等待，二是不知道客户见到实际样品以后的反应。很多人容易在这个时期迷茫，因为绝大多数客户在收到样品以后会对数个供应商的样品进行对比，原本的沟通节奏会被打乱，所以很多人发现样品发出去之后客户没有任何回复。

其实，遇到这种问题最好的处理方式是给客户充足的时间去对比样品，再在合适的时机跟进客户对样品的反馈。比如，在客户度过了一个美好的周末以后，我们可以“Wish you enjoyed a nice weekend”作为开头过渡到样品的反馈信息上。和一个职业买家真正意义上的博弈应该是从样品的反馈开始，因为这个时候订单的“生杀大权”是在客户手中的，他非常明白这个道理，所以我们必须能扛得住这个时期的煎熬，不能让客户看出我们有丝毫的焦急。

- 收到客户对于产品的反馈以后，只要客户没有明确表示产品不适合，那么我们应该把订单成功率提高到 50% ~ 60%，也就是初步的信任和认可已经建立。在样品的反馈中绝大多数客户对于样品总会有一些不满意的地方，可能是设计、质量、材料、颜色等方面，这些反馈都是正常的，要竭尽所能地去满足客户的要求，若没有办法达成客户所愿，也要如实地告诉客户不能达到要求的真实原因。从这个时候开始，开发算是步入了正轨，我们接下来要做的是尽量满足客户的要求，然后让双方对产品的认识达成一致。也就是说，让客户通过实际的样品对我们的产品有更深入和实际的了解。
- 如果谈判顺利，在客户对产品的认识越来越清晰以后，我们双方很有可能会谈到产品认证、起订量、付款方式、交货期、运费、货代等与订单相关的问题。在这个阶段，很多人可能会觉得洽谈付款方式及交货期会让双方关系再度紧张起来，但其实这是另外一种博弈方式。如果我们感受到客户谈判节奏没有变化，而且双方一直有非常紧密的联系，是可以攻克这些谈判的难点的。双方第一次合作在付款方式上谨慎一些无可厚非，想尽快地拿到货也是可以理解的，在这个过程中我认为可以多做一些让步，让客户看出我们的诚意，关键是让他放心。而谈判至此，成功率已经不知不觉达到 70% ~ 80% 了。
- 在与产品相关的问题基本达成共识以后，客户通常会说“everything is clear now, let’s talk about the price.”（所有事情都已经确认好了，我们再谈谈价格。）这个时候有些人可能会因为重谈价格而再次陷入紧张的情绪中。而我会把谈价格看作是双方合作的完美收官。应对的方式应该是结合自身产品的报价以及对客户的判断，或者展望下一次合作，与客户进行最后的博弈。客户花费了巨大的时间成本在整个开发过程中，最后很少有人因为价格的问题而再次选择观望。

针对任何问题提前思考做好准备，待事情一旦发生时立即找到最高效的处理方式，这就是灵活开发业务的一种体现。在开发的每个阶段都可能会出现意料之外的事情，但是最好的状态是做好预判，提前两步做好预防，将可能出现的僵局做好化解。

五、客户都是“斗争”回来的

当初意识到客户需要“斗争”才能争取到时，我顿时有种豁然开朗的感觉，随着业务经验的不断沉淀和积累，我把“斗争”的意义看得越来越清——客户就是“斗争”回来的。

很多人困惑公司在业务上不给予支持，导致业务难做，久而久之，他们在开发上碰到瓶颈，陷入恶性循环，因为一直得不到公司各方面的支持而机会减少，或者在关键的问题上受到阻碍而错失客户。我们都知道，外贸有三大核心要素：产品、平台、团队。在产品和团队既定成型的前提下，可以进行突破的只有“平台”，这里的平台不仅仅是指开发客户的渠道，也是指公司提供给外贸人开发业务的各项支持。利用平台不是简单地参加展会、B2B 展示、谷歌搜索客户、取得贸易情报等，而是通过“斗争”让公司支持我们的整个业务开发的过程。在平台资源的分配过程中，绝大多数公司是难以做到绝对的公平公正的，因为优质的开发资源会更倾向于开发经验更丰富的人，而优质的开发资源往往是稀缺的，这就要求我们每个外贸人重视这个问题，改变逆来顺受的被动局面，积极主动地和公司、上司，或者工厂、供应商做“斗争”，突破层层的障碍和阻力，为自己也为客户创造最优质的条件，这才是开发客户应该有的心态。很多时候，我们离争取到客户只有一步之遥，而这一步往往需要通过“斗争”来完成。

◎ “斗争”获得更多的询盘、参展、客户划分机会

有些公司待业务量到一定数额以后询盘是由专人分配的，但是分配很难做到公平，站在公司利益最大化的立场上肯定会将价值高的询盘倾斜给他们认为有能力拿下这个客户的业务员，这当然无可厚非，但是谁又能肯定这个询盘分

给我就一定会丢失客户呢？

在参展人员的确定上，公司会更倾向于把机会给业务经验丰富、沟通能力强、能随机应变，并有机会拿下客户的人，久而久之，强者更强，弱者永远无法得到实战机会，越来越边缘化。

同样，对于客户市场的划分上，所有人都倾向于把市场划分给最熟悉这个市场的人，或者在相应市场有优质客户对市场有独到的客户开发心得和见解的业务员。

面对这种情况，在我们的能力得不到施展，或者业务开发遇到瓶颈时，我们应该以自己的方式和领导、公司做“斗争”，通过“斗争”让别人看到我们的实力，让他们对我们的业务能力放心，给予我们更多的支持。换一种思路去理解这个问题，其实平台理应对每个人是公平的，没有谁规定支持的费用就一定给谁，没有谁规定这个询盘就一定分配给谁，也没有谁规定这个展会谁就一定无法参加，大多数情况他们只是从公司的立场去思考问题，将这些支持进行一些表面看上去合理的分配而已。我们需要做的是正面争取，告诉别人我们有这个能力把这些事情做好，这是一种勇气，也是开发业务必须迈出的一步，迈出了这一步，外贸生涯就会出现另一番风景。

◎ “斗争”获得最佳打样时间、优先打样权

对于客户成交率高的人，公司对其在打样、样品费、快递费等方面的支持是远远高于其他人的。因为无论是工厂还是公司，他们看到这些人的样品就好比看到了实际的订单，于是，他们不惜一切代价，甚至是停下生产线专门为其打样，在样品费、快递费上公司也会只收取成本费甚至是免费的。在这样的支持力度下，客户的满意度自然随之提升，成单的概率也会更大。

大多数成交率一般的业务员在面对这种情况时会选择默许，将自己的样品交货时间往后延，向客户解释说生产线排满，需要多长时间才可以安排打样，并核算一笔样品费。这样的回复连我们自己都没有办法被说服，又如何让客户接受呢？正确的做法是想尽一切办法告诉工厂要重视这次样品，如果有领导或老板来劝阻时，我们应该让他们知道他们所说的这么多困难对比开发一个优质客户来说可以忽略不计。当我们意识到需要通过“斗争”获得更好的条件才可以推进订单的时候，我们才能真正领悟这场“斗争”的深刻含义。

在开发客户的时候，如果在内部的开发条件上我们一味地选择接受，到最后留给客户的只有“难受”了。业务开发本就是将不可能的事情变成可能，在这个过程中如果我们选择逆来顺受是无法完成的。

◎“斗争”获得最好的价格

在很长一段时间，我对于价格的坚持到了一分钱也不肯让步的地步，我认为坚持价格是对双方的尊重，直到有一天我看到别人的 PI 原价上有一条删除线，外加 Discount price（折扣价）时我才恍然大悟，原来可以灵活地去处理价格，且效果不错。从那以后，我逐渐转变思维，在价格上做出一些让步，在与客户讨价还价的时候我会更灵活。之前我咬住价格不松口让客户觉得后期合作时可能我会无法变通，于是他们选择放弃订单或者观望。在我灵活地处理价格问题以后，我发现和这部分客户的心拉近了，有相当一部分客户的谈判也变得顺利了。

◎好的交期、付款方式同样需要“斗争”

在客户开发过程中，因为交期、付款方式而丢失客户的情况数不胜数，有相当一部分谈判在前期的铺垫做好以后却无疾而终。

交期的问题一直困扰大多数人。限产、环保、停电这些不可抗的因素让交期成为很多外贸人的心病，但是抛开这些不可抗力，有很多是我们可以争取的，比如内盒外箱、设计等。提前把这些事情做好，是可以最大限度地完成出货的。

付款的问题也很重要。很多人在付款方式的选择上总是手足无措，因为绝大多数公司有付款方式的底线，要么选择发货前付清，要么选择提单复印件，或者信用证。我曾做过统计，我这么多年的订单中出现拒付、不付款、款收不回来的情况为零，100% 的客户选择如约付款。在付款方面，有两个国家的客户让我印象比较深刻。第一个是海地的客户，预付款我只收了货款的 10%，当时的海地太子港是可以无单放货的，而且我还发给了客户提单确认件，所有人都觉得风险很大，结果客户在见提单复印件以后如约付款。第二个是伊拉克的客户，因为某些原因，他迟迟无法付款，最后客户找到土耳其一家公司代付，付款时间整整推迟了两个月。

在我的整个职业生涯中，公司只在我刚入行的一两年给予我业务开发上的帮助。慢慢地，我发现公司的立场和业务员的立场是不同的，公司永远会考虑风险、投入和产出比。因此业务员与公司、老板的关系是“斗争”关系，比如争取更好的开发条件、争取人员、争取福利待遇等。一旦公司尝到甜头就会乐此不疲地继续和我“斗争”下去，因为没有这种斗争他就看不到我的底气和信心。

随着经验的不断积累，我对客户、市场等的判断越来越准的以后，也会更得心应手。但是没有前期的必要斗争，肯定会错过很多机会。

“斗争”的过程是艰难的，一旦“斗争”失败可能会让自己陷入绝境，但就现在的业务开发来说，没有一定的“侵略性”，没有打破常规的勇气，就会一直平庸、被边缘化，甚至是被淘汰。

第二节 学会这些开发技巧提高 50% 成单率

开发客户的技巧尤为重要，这些技巧会打破原本陷入僵持的局面，让双方走向合作，也会保全客户的面子，学会灵活地运用这些技巧至少可以提高 50% 的成单率。

一、重新理解样品

样品是客户开发中非常重要的一环，在开发的过程中像是一座大山压在外贸人的心中，因为样品的问题没解决好，相当于在业务开发的开始就被宣判了结束，而我们的服务、专业根本得不到展示的机会。对于样品问题，我们试着换一种更加积极的心态去理解和面对，成功率至少提高 50%。下面来看看我们应怎样重新理解样品。

◎ 从索要样品分辨采购意向

对于什么都不谈一开口就索要样品的客户以及那种除了样品对价格等其他相关信息绝口不提的客户，我们要适当进行分辨，在后续的沟通中主动询问客户产品的市场、采购计划、采购数量等，让样品的节奏缓下来。在我们回复后，客户大多出现两种情况，即不回复和罗列详细的产品需求表。不回复的原因可能是他只想要样品，又或者是他在向多家供应商索要样品。如果回复的是一份完整而详细的产品需求表，说明这个询价是真实存在的，但是这个客户可能并非最终买家，只是中间商。这样，我们就要提前做好准备，即使发样品也可能无法得到回复，而在样品的准备上也要为这个中间商多备一份，成功概率会增加。

当然，也有意向强烈的、优质的客户在开始时就直奔主题到样品，因为他们觉得连样品都不合适，谈其他的就显得多余。但是，即使在这样的情况下，我们也应该主动地让客户的注意力转移到对产品的认识上来，让他明白我们应该从产品本身展开到其他方面，这样的做法会让客户从众多的样品中对我们的产品多一份关注。有人可能不赞同这样的做法，毕竟对于优质的买家如果我们没有像其他的供应商那样去满足他的要求，最后被淘汰掉的概率很大。但是我想说的是在开发的最初阶段，我们要尽量做到机会和平等并存，争取客户的机会很重要，但是争取和客户平等的条件同样重要，越是大客户，越需要我们在开始时就争取到平等的地位，而不是一味地妥协与让步。

除了在一开始就索要样品的情况外，另外一种情况就是双方联系了几次来回，在基础的价格、付款方式等方面有了初步的沟通或者默许以后进入样品阶段。这样的情况我们都知道要最大限度地满足客户对于样品的需求，但我们应该注意两个问题。一是客户可能同时在两至三个供应商处找寻样品，最后再在其中选择品质和价格都适中的供应商。意识到这样的问题以后，我们在样品的选择、寄样、样品反馈等方面就会有一定的心理准备。二是在发送样品的选择上，为了最大化地发挥样品的作用，我们该如何选择合适的样品。这非常考验我们对客户真实喜好的把握，在多数的邮件沟通以后，客户一般会表达出他对样品款式的明确要求，在客户需求的基础上，我们再考虑有哪些同质款或者改良款，什么样的款式或者价格最适合客户的市场，我们主动推荐的样品是否会适得其反等。综合以上多方面因素，我们才可以选择合适的样品进行发送。

◎ 用样品费、快递费试探合作意向

相对样品的选择来说，样品费和快递费的收取更棘手，因为这些费用是在还没有形成订单以前收取的，对买卖双方都是诚信、信心的考验。

从开发客户的角度来说，卖方来承担这些费用自然会提高成交的概率，但是如果承担所有客户的样品费、快递费，对公司来说也是一笔很大的开销，所以大多数公司会这样处理：

（1）样品费不高，100 美元内，卖方承担，客户付快递费。

（2）样品费大于 100 美元，买方承担样品费，快递费视具体情况而定。

（3）样品费和快递费都由买方承担，大货返还或抵扣。

（1）和（2）的样品费用解决方式中规中矩，在开发客户的前期，双方把费用算得很清楚，同时也在自己的能力范围之内给予对方最大的支持，这是做生意的基础，双方在这样的基础上一步步地往下进行也是可以接受的。

我们重点看看第（3）项的处理，看看它的意义在哪里，付款这个动作在新客户的开发过程中是非常重要的，我们把样品费和快递费的问题留给了客户，这样做潜在的意义在于试探客户对我们产品的接受程度。对于绝大多数客户来说，如果他能够接受公司规定，应该是非常认可我们的产品，至少在他的心中我们的产品是位于第一梯队的。第（3）项的处理方式其实是非常冒险的，在这一次“交锋”以后，如果样品最终得到了客户的认可，或者得到了相关的反馈，接下来我们在谈判和开发中的底气应该有 50% 了，所以在前期的试探以后，我们在后期遇到客户的任何质疑、不满或者刁难时都应该打消客户对产品信心不足这个念头，将重心放在怎样即时解决客户遇到的问题。

至于第（3）项中提到的下单以后返还样品费和快递费，很多人觉得这种做法和公司的规定冲突而选择了犹豫，其实，在我所有的客户开发经历里，在最终的订单上让我返还样品费和快递费的情况为零，原因是我后期帮助客户解决了一个又一个问题以后，客户下单的时候更多的是感激，样品费和快递费的事情心照不宣地不提了。

◎ 有针对性地准备样品，提高成单率

样品准备也是值得重视的问题，比如很多客户为了能够看到更多的款式在索样的时候会罗列一份样品清单，这个时候我们通常会有疑虑，在查看客户的公司信息以后也无法确定是否按照客户的要求准备所有的样品。除前文提到的可以进行多次沟通的方法以外，我们还可以看看我们的产品在该国家或者地区是否已经占领了一部分市场，如果该市场对此类产品相对陌生，尽可能多地将产品样品准备给客户，即使这个客户最终没有下订单，还是会在某些我们看不到的地方对产品进行宣传。而对于那些样品需求很清晰的客户，我们就要尽量安排他所需要的样品，不要轻易地将我们认为有可能性的样品放进去，很容易节外生枝，把开发推向我们难以预料的方向。比如，客户会来回对比样品，模糊了原本明确的意向，最后放弃了下订单。

◎ 通过样品展示公司形象

在样品的包装、颜色、材料、标签方面我们应该做到专业，在尽量满足客户要求的前提下，多想想怎么和其他的供应商做出有效的区分，让自己的产品脱颖而出。比如，样品的分类、贴标签、颜色上我们可以尽量做得精致，又比如，在包装盒印上公司的 LOGO 水印等，既能让客户轻易地记住公司名，又能突显专业和细心。在样品的准备上我们准备得越充分、越细致，回报给我们的肯定会越多。

样品在客户开发过程中是非常重要的一环，客户能从实际的样品看出公司的整体实力、企业形象，甚至管理水平，在这个过程中我们就好像做了一次生动的公司介绍（Presentation），通过样品非常直观地展示给客户最真实的产品介绍和产品质量。此外，我们还能从样品费和快递费的谈判中揣测出客户对样品的认可程度从而做出最正确的决定。

任何生意都是需要付出，或者叫投入，这种投入可能是个人的努力、服务、时间、精力等，样品及相关的费用，也算是一种投入。当然，我们无法确定这个投入是否能创造出最终的订单，但是我们可以将这笔可接受的费用投到一个优质的客户身上，绝对是一笔划算的买卖。这种投入可以让客户看到我们对产品的信心和待人接物的真诚，意义远比生意本身重要。也许很多人尝试过主动承担、投入，最后石沉大海，辜负了公司的期待，慢慢地就不得不按公司的规定来做，但其实遇到有潜质的客户我们完全可以自己主动地承担这笔费用，可能这次产品不适合他，但是下次或者下下次机会仍然还有。随着时间的推移，可能性就会越来越大，就好像在客户心里埋下了一颗合作的种子，随着时间的浇灌，合作的意愿会越来越强烈。

二、放弃客户反感的开发方式

传统的开发客户给人的印象是无休止、无节制、无底线地想尽一切方法联系客户，强迫性地给客户推广产品，根本不顾及客户的心理接受程度，有时候甚至对产品信息的准确性都没有进行任何甄别就强行传达给客户。这样一种不太礼貌的行为我们应该加以控制，多注意“不打扰”的方式，多在关键的时候不含糊，让客户看到我们的高情商，客户更愿意和高情商的供应商合作。

常见的会让客户反感的方式有：

◎ **没有任何沟通基础就拨打电话**

打电话是一种最快捷的确定对方需求的真实性和有效性的开发方式，但是这种方式通常会给客户唐突感。当我们没有任何前期沟通就拨通客户的电话介绍自己的公司和产品时，客户会非常惊诧，惊诧的原因是电话从遥远的中国打出，但是听到电话中公司及产品的介绍，客户的兴趣会大打折扣，然后挂断电话。

曾经我的团队做过一次有针对性的电话开发，我们找到相关客户以后，没有进行任何前期沟通，通过电话和客户建立联系。我们本想通过这样的方式去联系南美的客户，再对联系到的客户进行实地拜访，但是后来我们发现很少有客户愿意做进一步接洽，因为这种唐突的方式让他们觉得很奇怪，他们无从判定对方的真实性，所以会保持谨慎。那次电话开发失败了。

正确的不打扰方式是通过邮件或者在线聊天工具提前做好初步沟通，再通过电话做进一步的交流，双方约定好打电话的时间，然后就前期的沟通细节再做交流，对存在疑虑的问题做进一步及时的沟通，这种方式会好很多。

◎ **设置邮件阅读回执**

为了验证客户的真实性，很多人会在邮件规则里设置“阅读回执”，这样客户每次点击查看我们的邮件以后系统会主动发送一封邮件告诉我们，他已经查阅过邮件了。

这种方式也是“打扰”客户了，他看到弹窗里显示的“是”和“否”多少会有一些不自在。客户查阅了邮件以后，当时或许并没有非常明确的想法对我们的邮件进行回复，但是阅读回执让他感受到催促感，觉得有责任对邮件做回复。我们开发客户不是通过一次次的弹窗提醒和催促，应该是在得到客户的认可以后，他自然而然地点开我们的邮件看看下一步该如何做。只有做到这种自然而然的时候，才算是进入真正的开发。

类似于阅读回执这样的方式还有很多，但最好少用，我们应该给客户更多的思考时间和选择余地，让他自主地选择，给他愉快、轻松的谈判体验才是高情商的体现。

◎ **频繁地群发邮件**

随着越来越多的业务开发系统的普及，群发邮件的功能被无限地放大，因为只要将邮件发送至客户的邮箱就存在开发成功的可能性，我一直不太支持群发邮件，更别说频繁地群发了。正确的开发客户应该是将开发工作做细致，群发邮件更像是另一种形式的偷工减料，相应的回报和收获也会大打折扣。最重要的是这种频繁的群发会干扰客户正常的工作状态，久而久之降低我们邮件的价值。

群发邮件的时候，我们只需要将邮件标题、邮件内容、称呼等设置好，在收件人或抄送人中勾选相应的潜在客户就可以进行轮转的邮件群发。但是客户收到的邮件是没有任何感情和互动的，营销色彩非常重，自然而然的回复概率就会大打折扣。今天产品 A 上市了，明天产品 B 降价了，后天产品 C 升级了，都群发邮件，客户在最开始看到这些消息会饶有兴趣，但是随着频繁的群发，慢慢地他就没了兴趣，邮件对他来说变成一种打扰，可能还没有等邮件自身的反垃圾系统屏蔽我们的邮件，客户就会手动地选择屏蔽，这是得不偿失的。

正确的做法是单独给每个潜在客户发送邮件，这样比较费时间，节奏也慢，但是客户开发本就是慢工出细活的工作，没有一点一滴的积累，是很难在众多的竞争者中脱颖而出的。最重要的是，这样的一对一地发送邮件能够做到不打扰客户。每一个做开发的人的真实心态是尽早地让客户下单，但是在这之前我们还要学会沉住气，提高开发客户的情商，如果将焦急的心态传达给客户，开发就会陷入僵局。

◎ 跟踪客户的内容千篇一律

跟踪客户在开发的过程中非常重要，但是跟踪客户的邮件大部分无法得到客户的及时回复，因此这样一种看不到结果的开发方式很多人不太愿意坚持。大多数人因为跟踪的邮件没有回复而选择了懈怠，写得比较随性，内容千篇一律，比如：

any updated?（有没有任何进展？）any idea ？（有没有任何想法？）any feedback ？（有没有任何反馈？）这些跟踪的内容其实一直在表达同一个意思就是盼复，但是这样的语句只是在催促客户回复，没有任何互动，长期下来客户看到的只有堆砌和重复的文字，会认为它是一种骚扰。

如果我们足够用心，完全可以通过了解客户打开跟踪的话匣子，不让客户觉得我们每次都是在做催促，而是真的想去互动、沟通，想去做深入的了解。

重复和堆砌是开发过程中的大忌，我们应该尽量避免，尽量做到同一个意思不用相同的词来形容，“感谢”除了 thanks 还有 appreciate, grateful for，回复有 response，还有 reply 和 feedback。这样做的目的是让我们的邮件更有生命力，这正是开发过程中我们需要努力做到的，用我们的活力感染客户。

三、产品的推荐技巧

产品推荐考验业务员的专业能力和开发经验，产品推荐做得好，可以快速准确地找到客户的真实需求，让开发沿着正确的轨道行进。但是，随着产品线的增加、产品的升级、款式的更新、功能的增加等，客户的选择越来越多。大多数时候有更多的款式、型号是一件好事，但是客户也会有选择恐惧症，我们让他多一些选择反倒难倒他了，这会让客户过于纠结在不同款式、不同型号的产品介绍和对比上。

如果是单纯地对比产品的异同点倒是没有太大问题，但是产品的某些特性、优势甚至劣势在对比中会暴露出来，导致客户从最初的有强烈兴趣，转变为犹豫和观望，这是我们不愿意看到的。为了避免这种情况的发生，我们应该多注意产品的推荐技巧和方法，以免“节外生枝”。

◎ 从买家心理价位来看产品型号的推荐

在对客户的采购需求和习惯进行一定的分析以后我们会发现，在众多的供应商中，客户大多会同时对高、中、低价格进行询价，这样的询价方式可以让他们在最短时间内弄清产品的质量、价格水平。除此以外，他们还有一个特点是我们要重视的，绝大多数客户最终的订单通常落实在价格中等偏上的供应商上。关于价格水平，我相信大多数人是知道自己的产品处在行业的哪个区间的，在客户没有强烈要求的情况下，我们最好是推荐给他中等价格区间的产品。如果我们自认为产品虽然贵，但是技术含量或者品质非常出众而去强烈推荐，很可能在开发的最初阶段因为价格而被淘汰掉。同样，为了追求回复率而选择推荐低价格的产品，很可能因为质量水平达不到客户的要求而被忽视。如果一开始我们推荐的是最廉价的产品，客户第一印象会把我们的产品设定在廉价的区间，哪怕我们有机会进入后期的谈判，有机会推荐其他的产品，客户的第一印象也很难在短时间内消除。与其这样，不如在开始时就给他推荐一款价格、质量适中的产品，这样到了后面也可以做调整，赢得客户的信任。

◎ 紧紧围绕客户初始的询盘推荐产品

第一印象在产品的推荐上非常有用，因为客户首次的明确询价往往最直接地反映他当前最真实和最紧迫的采购需求。我曾做过统计，最终下单的客户中，大货产品与他初始询盘或询价的产品款号完全一致的可以达到 90%。剩余的 10% 的订单里款号也与初始款号类似，只是在后期的谈判中意外地发现了其他款号而作出更改，而且很明显这 10% 的订单的谈判周期要比 90% 的订单谈判周期长。原因可能是客户需要来回确认新的款号或者型号一定比他的初始款号好，他才可以保证产品的市场销售。

将产品的范围缩小，谈判起来会更为简单，那么又有一个问题，怎么去准确界定客户的初始询价产品呢？在 B2B 平台里，客户在询盘里提到的款号就是最初始的询价产品，也是最直接的采购需求；在展会上客户驻足观看良久，并有相应的询问或攀谈或交换名片、索要样品的产品为初始询价产品，后期推荐的产品应多以这款（这类）产品为中心。同样，通过开发信开发的客户在初次回复里提到的产品款号也可以归为初始产品，在后期开发和跟踪的过程中要时刻谨记这个初始产品，它很可能是突破客户的关键。当然还有一些特殊情况，比如客户突然发来一张图片或者一个视频询问特定的产品，这个产品也可视为初始产品，我们需要紧紧围绕这个产品进行开发。

初始询价产品的价值在于，客户的询价是在明确了采购需求以后发出的，采购需求的明确也许是他看到市场上其他竞争者在销售这类产品，受到一定的欢迎，又或者收到客户的反馈，客户来询价。所以，这类产品的市场消化能力是有一定保证的，有了市场的保证，客户不会轻易改变款号，这才有了我们的重点跟踪和开发。

◎ 适时地放下专业，尊重客户的选择

如果我们对产品足够了解、专业，是可以知道每个产品的优劣的，这个时候我们会碰到比较为难的情况，客户坚持的那款产品不是最理想的，我们还有其他更好的款式更适合他的市场和预算，为了对客户负责我们会忍不住想要推荐这个的款式。有人会认为这是一个展示专业能力的大好机会，从产品的生产工艺、流程、性能、质量水平等方面做比较，让客户再考虑一下其他更合适的产品。在新客户的开发上，这种做法不明智，在基本的信任没有建立以前，我们盲目地忽视他坚持选择的产品而推荐其他产品会让客户产生怀疑，

"为什么我问的是这款产品，他要推荐我另外一个"，有些客户会就此断了联系。就算是建立了一定的信任基础，在我们无法得知客户坚持某款产品的真实原因前，最好能适时地放下专业，尊重客户的选择，用另外的方式去提醒客户还有其他的产品可供选择。比如，在发样品的时候，顺带发送一个我们从专业角度推荐的产品，或者在选择产品包装时，提一提我们认为的更适合产品的包装选项。通过这些无意识的推荐，让客户注意到更为合适的产品，再通过邮件等较为正式的方式提出选项，这种方式最为委婉，也最容易被客户接受。

专业能力的展示绝不是在和客户产生分歧时对客户的不专业进行质疑或者否定，真正专业的做法是让客户的专业度得到维护，而我们又能够在客户觉察不到的地方让客户感受到我们的专业，这样他再回过头去看我们的产品推荐就显得更有说服力了。当然如果在做出这些以后，客户还是坚持他自己的选择，我们应该尊重他的选择。

◎ 老客户多推荐新款，新客户多推荐经典款或改良款

产品推荐也需要结合客户的市场进行综合考虑。针对已成交过的客户，我们应该尽量推荐新款产品，一是将新的机会优先提供给老客户，二在新的产品还没有得到市场的大量反馈前，老客户的市场及营销能力对新品推广尤为重要。有人可能觉得万一新产品出现问题，会给老客户带来损失，这就涉及老客户的维护问题了。高回报一直是和高风险并存的，这个道理每个人都懂，所以大多数情况下还是要先往好的方面考虑，万一出现问题，双方协商解决反而会增加默契。同时，老客户因前期的订单对我们的产品有了初步的认识以后，自然会对产品的质量水平以及市场反馈有自己的判断，这种选择是双向的。大多数时候我们低估了客户的能力，客户对于产品在当地市场的推广和营销远远比我们想象的要好得多。

对于新客户来说，遵循了以上几个原则以后，在款式的推荐上应该尽量偏向经典款和改良款，目的是给客户良好的产品体验，客户不会在质量等问题上有担忧，也让客户对我们产品的综合水平有清晰的认识，这是双方走向更深入的合作的基础。同时，有些产品因为谈判周期和产品使用周期较长的缘故，会迫使一部分人倾向推荐价格高、质量稳定的豪华版款号，因为这种推荐最省时省力。价格高本身就是对质量的一种保证，推荐这类款式的产品还可以竭尽所能地开发客户的购买能力，但是在开发这条路上没有捷径，要不了多久我们这种产品推荐的思路就会被客户看透，对于长期的客户维护非常不利，最好能够稳打稳扎，从经典款和改良款开始。

四、将责任转嫁给不可控因素

在客户开发的过程中，每个人都会遇到一些无法解决的问题导致不能给客户圆满的答复从而丢失客户。这些问题我们根本无力把控，再多的解释也于事无补，只是因为客户最直接的对接人是我们，所以我们要承担所有的责任，遭受莫名的委屈与困惑，久而久之客户因为我们一直在强调“办不到”“赶不上”“做不了”而选择了观望或者疏远。这是一件非常可惜的事情，客户在大多数时候是非常认可我们的细心与专业的，但是一到需要配合做一些事情的时候总会出现不可控的因素，几次无果以后，他们也会因为受挫而不得不考虑更换供应商。

我们得改变一下思维方式，要时刻意识到自己是唯一面对客户的人，客户并不知道我们这方发生了怎样无法协调和解决的事。如果我们将自己和这些不可控的事情及负责这些事情的责任人剥离开来思考，这样一来很多问题就可以合理地解释和解决了。

◎将问题转嫁给“公司或者领导”

在超出自己能力范围的时候，可以把领导搬出来，告诉客户你需要向公司或者领导申请。

相信价格问题大家都会觉得非常棘手，因为价格相对比较敏感，报价没能在客户的目标价格区间会很难谈判，而万事俱备却只在价格问题上斡旋时，万一无法与客户达成一致可能会前功尽弃。很多人非常了解自己的定价及成本构成，知道这个报价就是最低的价格，无法再给予优惠，而谈判进入紧要关头，客户步步紧逼，态度非常坚决，好像没有折扣这笔买卖便就此终止，在这样的时刻，很多外贸人会陷入手足无措的境地，想着好不容易一步步开发到现在，因为价格问题戛然而止非常可惜，但是在价格上确实无法做出让步，所以，选择了直接向客户坦白——“这就是最低价了，低于这个价格我们做不了”。或许有些客户看到这样的回复会选择妥协，毕竟他自己也耗费了时间成本，因为价格的原因就此结束很可惜，但是多数客户看到这样“耿直”的回复

⇧

会有一丝不适感。这种不适感来自生意理念的认同：作为买方，他完全有权利要求降价和优惠，而收到斩钉截铁地拒绝以后，他会有一些犹豫，这样的供应商在后期的订单处理上会不会缺乏灵活性，无法沟通？

事实上，我们完全可以用另外一种方式处理，在客户的节奏突然加快时，先选择使客户开发的节奏缓下来，把价格这个问题转嫁给上级领导或者公司，比如："I have to apply to my company/manager for a better price, will reply to you as soon as I can."（我需要向公司 / 经理申请一个更好的价格，会尽快给你答复。）回复客户以后，谈判的节奏又可以由我们掌控。在这样回复以后，有些人可能秉着不放弃的原则再向公司进行价格申请，但避免不了又一次拒绝。所以，缓下节奏以后等待 1~2 天，我们可以向客户进行完整的说明："Just got the answer from my company but failed."（刚得到了公司的回复，但是失败了，得维持原价。）如果我们对价格的组成非常熟悉，可以再对价格进行说明，告诉客户这个价格已经没有利润可言了，一般客户会选择接受。

这种转嫁的方法可能会让有些人觉得多余，但其实这种做法是很科学的。

- 可以缓和客户咄咄逼人的气势，让谈判回到正常的节奏。
- 相较直接拒绝客户，选择这样的转嫁方式，让客户知道我们在为价格做不懈的努力，让他知道作为他的谈判对手，我们的工作也是困难重重，双方的处境都不容易。
- 这种申请的方式，让客户知道我们在遇到无法处理的问题时也有灵活处理的可能，这会给客户发出一个信号。客户心里会想：他们处理事情比较灵活，不会很死板，在后面订单的操作、运输、报关、清关方面会更好地沟通，其隐藏的原因或许也是吸引一部分客户继续谈订单的重要因素。
- 尽量维持买卖双方的平衡。

我们每个人都有被拒的经历，在明知降低价格是不可能、不可控的情况下，我们只有寻找解决办法，这是一种应对复杂情况的能力。有的时候我会选择用 quarrel（争吵）这个词，因为有时候我确实会因为价格和公司的人争吵，客户听说后可能会暂时忘记价格的事情，而送来安慰。

◎ 将问题转嫁给“采购、生产、工程师 / 技术”

在问题非常具体可以找到相应的责任人，比如采购员、生产人员、工程师时，我们可以告诉客户要和相应的人员进行确认，这种做法会最大限度地降低客户将问题归咎于我们的概率。

作为销售业务员，很多时候我们没有办法接触或者控制所有的事情，但是我们要尽可能地让自己做事的方式干练和专业。在客户开发的过程中我们需要沟通和协调的人员有采购员、跟单员、生产人员、技术员、质检员、船务操作等。我们要知道他们每个人的职责和职能范围，遇到无法解决的问题时我们要学会将这些问题细分到相应的职责人员，把负面的消息和情绪排除在以自己和客户为中心的开发轨道之外，让客户对业务员更有信心，成单的概率会更大。

比如，遇到客户增加采购数量询问新的报价时，作为业务员心里肯定会欣喜，但是采购员迟迟无法报出价格，我们不能因此放慢节奏，要主动向客户反馈进度，告诉客户采购员暂时无法核算出准确的价格，所以无法给出最新的价格。我们也可以向客户解释采购员今天休假，明天返工以后会核算价格进行报价。

又比如，我们经常遇到打样延迟问题，我们可以向客户解释：“已经向生产部门反馈问题了，但是生产部门因为生产线繁忙，暂时无法抽出时间打样，我会及时跟进样品进度，有消息马上告知。”同样，订单落实以后需要向客户解释的还有交货期。整个开发过程中生产给客户造成的困扰是最复杂也是最烦琐的，我们既要通过转嫁问题的方式让客户知道生产过程中的不确定性，又要让客户知道这些属于正常的生产状况，最终送到客户手中的产品肯定是最优质的产品。

再比如，客户期望我们在常规产品里加入新的材料、新的成分，但是由于新的材料和成分需要一段时间的测试，会增加额外的生产成本等，加之是新开发的客户，公司很可能会拒绝。可是，这打消客户积极性的回复最好出自技术人员，所以，我们可以加一句“our technician advised that ...”（我们技术人员建议……）这样一来，相当于技术人员在我们和客户的谈判中起到了缓冲的作用。即使这个消息对于客户来说糟糕透了，但是仍然不妨碍客户选择我们现有的款式。

◎ **将问题转嫁给不可抗力**

我们先来看一个关于外贸的冷笑话。

问：今天快递没来，客户收不到样品，无法解释怎么办？

答：看看最近有没有台风。

看看有没有台风的言外之意是，有了台风可以名正言顺地向客户解释：因为台风的原因，所以快递公司没有按期取件。

笑话归笑话，但是不可抗力确实是贸易中不得不面对的问题，我们能够做的是在当今的规则和规范下做到合法、合规、合情、合理。中美贸易战、东南亚制造业崛起、汇率变化等我们无从改变的事实，是我们必须面对和接受的。

天气除了能解释样品迟发的问题以外，还可以用来解释成本上涨，比如马来西亚今年的气候不好导致橡胶减产了，引发全球橡胶的成本上涨。不可抗力的因素往往比一句简单的“the cost of raw materials increased”（原材料成本上涨）更加有说服力。我们把真实原因归结于天气的影响以后，客户对于价格上涨的心理接受能力会增加很多倍，因为全球的情况都这样。

至于人工成本的上涨早已不是什么秘密，客户甚至都听腻了，这样的解释很难再在价格上讨到便宜。但是我们告诉客户人员工资福利增长，物流、仓储等供应链各个环节也在不断增加成本，这才导致了价格的变动，这是综合性地涨价，这样的说辞可以让客户看到我们的诚意，看到我们对于成本变化的无奈。

五、处理客户问题的优先级

外贸中有很多问题是串联的，一个问题联系到另一个问题，又或者涉及相关人和客户，我们可以通过站在客户的立场，对相关人和具体问题进行冷静分析，来确定处理问题的优先级。我们来看看 Hebe 的这个案例，尝试培养罗列问题和确定优先级的能力，这种能力对于开发是非常重要的。

“一个美国客户想在美国专卖一款产品，但是他跟我们说一年六个柜，我说不可能，我们起订量每个月至少五个柜，他说只要客户反馈好，他可以达到。然后他又说上次展会上和我们老板谈，老板答应他可以专卖，只要每个月订五个柜。我将情况告诉老板，老板说有点困难，如果给客户 A 专卖，其他客户就不能卖了。再者，我们经理不想让客户 A 专卖，因为不是他的客户。问题一：这种情况下我该怎么办？问题二：我还有个美国客户 B 在此客户说专卖之前就收到样品测试市场了，今天要下单，我接还是不接？”

这个案例中的问题主要有以下两个：

（1）美国客户 A 想专卖产品 C，如果客户反馈好，每个月订五个柜。展会时详谈了专卖具体事宜。

阻力 1：经理不支持专卖，因为不是他的客户，而且专卖了，他就无法用这款产品打入美国市场了。

阻力 2：老板对这款产品的专卖想法有变。

（2）美国客户 B 在客户 A 谈专卖以前就收到同款产品的样品，已经准备下单。

阻力：如果下单给客户 B，可能会因为缺乏诚信无法和客户 A 交代而失去客户 A。

在这些问题上，我想从思考问题的优先级进行排序，这样以后我们在遇到任何问题的时候可以从容面对。

客户 B ＞客户 A ＞经理＞老板

一款产品打开市场的时候，最重要的是第一时间进入市场，让这款产品进入客户所在的国家进行全面“发酵”，发酵的意义有很多：可以将产品第一时间展示给终端客户，也可以第一时间知道客户、代理等的反馈。该案例中，客户 B 已经收到样品，而且准备下单，说明他对于市场的反馈是有信心的，想率先打入市场。从客户 B 申请样品到认可样品，是有效的递进，双方已经通过样品费、快递费等建立了最初的信任，客户下单的真实性和可能性是非常大的。

客户 A，从其提出专卖可以推测他是一个优质大客户。客户一开始预计一年六个柜，后来接受每个月五个柜，最后，客户又提到广州展会，这其间客户 A 存在的变数太多。即使客户 A 是一个真实的大买家、大客户，他没有收到样品，没有具体谈价格、付款方式、交期等问题，后期任何一个环节都可能存在变数，而任何一个变数都可能导致谈判无法进行。因为这些因素导致客户 B 流失是很不值得的。

所以，在这种情况下应该将客户 B 作为最优级，安排好客户 B 的订单并保证最好的质量，让产品以最好的状态进入市场。

即使客户 A 在展会上看到了产品，并认可产品质量想签订合作框架，仍然可以从销售能力来和客户谈判，因为产品在专卖或者代理以前是需要了解客户的真实销售能力的，这一点容易被忽略。对于新产品来说，很多客户在谈判的初期会提到专卖、代理等，但完全寄希望于客户去扩充市场容易丢失很多的优质客户，因为若他们垄断了这款产品，在服务、售后等方面就会打折扣，从而不利于该产品的推广。最好的解决方法是给予客户 3~6 个月的销售业绩测试，这样主动权就掌握在我们手里，而在这个缓冲期可以做很多事情。

这个案例让我想起以前的一个代理商。在南美洲的一个国家，我主推了一款机器。我从中国制造网的免费账号上得到了一个询盘，之后在 MSN 上与客户沟通了一个多月，最后，客户下单了两台这款机器。在跟踪客户 A 的后期，我在阿里巴巴上又联系到这个国家的另一个客户 B，他看中了三款完全不同的机型（包括客户 A 的这款），所以定了三台机器，也谈到了代理。后来客户 B 知道客户 A 买了两台机器，在要求独家代理的时候也强调不允许卖给其他客户，从那以后客户 B 的所有订单都改为和客户 A 同款的机器，因为那款机器在当地已经热销了。当时客户 B 完全接受 6 个月的销售能力测试，在半年以后已经没人可以和他竞争了，最后他所在的整个国家市场甚至南美洲大部分国家的市场均被他占领了。客户 A 的机器充分地测试和刺激了市场。

再回到优先级，每个业务员和经理之间的关系是微妙的，这也是我在和 Hebe 沟通过程中发现的问题，经理在某些方面不是很支持 Hebe，没有这些支持，她的业务开展举步维艰。经理可能考虑到团队的平衡、自身利益，也可能出于嫉贤妒能，这个时候我建议业务员要放低姿态和经理处好关系。

至于为什么把优先级的最后排为老板，因为从业务上来看是积极向上的，有客户提到专卖是对产品的认可，是老板最愿意看到的事情。即使这款产品的专卖给了客户 A，在客户 A 打开市场以后，我们可以继续推其他的款式，找更多的专卖，对老板都是有益的，所以在这个时候可以将老板的优先级排在最后。

六、永远给自己留有退路——话不能说死

随着谈判的深入，客户可能会要求我们做出承诺，承诺在什么时间内准备好样品，最迟什么时候交货，是否一定达到他的工艺要求等。这些要求会让我们处于被动的局面，因为一旦我们无法达到客户的要求，会失信于客户。在客

户一定要我们给予准确的答复时，我们可以给自己留有一些余地，让客户知道这件事情我们会尽全力做好，但意外的事情发生了我们也实在无法掌控。

我想很多人应该都有过这种经历，胸有成竹地告诉客户他要求的这件事情绝对能办到，结果恰好在这件事上食言了，愧对客户。

有一个关于办公椅的案例：H 开发了一个非常优质的美国客户，客户收到办公椅后，投诉说有款椅子（三个一箱）有几箱少了螺丝包，H 回复客户说工人仔细检查过了，都是分别包了三包贴在纸箱上的。但是客户发来照片，有些纸箱内的螺丝包不是分别包的三套，而是相同的螺丝包在一起（只包了两包），或者三套全部放在一个袋子里。H 找生产部门确认，他们说确实有两箱没有螺丝包，而且螺丝都是分开包了两包，这下 H 不知道怎么跟客户解释，因为一开始问询生产部门，他们的回答是包了三包，后来又变了。

这个案例最尴尬的事情在于客户一张图片让 H 觉得之前的信心变成了空谈，自己失信于客户。案例中的质检工作我们先不谈，着重看看说话的艺术，如何不轻易把话说死。

客户投诉后，如果和工厂确认，工厂给予十分肯定的答复，我们应该先想想“转嫁给它”，再好好想想客户的投诉不会空穴来风，应该多少有一些工作做得不到位。因此，我们不要直接反驳过去，而是告诉客户：已经和生产部门反复做过确认，部门负责人非常肯定地答复说不会有缺少的情况，也把不同螺丝分三包包装。正确的表达方式是：

Thanks for your feedback about the bulk order’s lack of screws, I just confirmed again with our production manager and they assured each carton must attached the screws and separate different types of screws to 3 packs. Could you please send us the photos to check the problem?（谢谢您关于螺丝包缺失的反馈，我已经和工厂经理确认过，他们说每箱中都附有螺丝包，且分三包装。您能给我发些照片以便我检查问题吗？）

在以上表述中，我并没有正面反驳客户他描述的情况不存在，这样即使后来证实客户投诉合理也不会出现我食言和失信的情况。

在客户没有提供足够的证据，而生产部门又非常肯定的情况下，自己不要非常肯定地告诉客户我们的包装不会出纰漏，而是通过第三个人——生产部门的反馈来向客户表达我们理应不会缺失，也不会出现螺丝的包装问题，这样一来给自己留下余地。因为事情没有水落石出的时候，我们不应该偏袒任何一方，这也是对自己的保护。

其实在出现产品问题以后，如果一定要对这个问题进行界定，我们更应该相信客户，因为很少有客户会为自己的私利而编造不实的问题，大多数是国内的生产环节为了节省人工、节约成本而偷工减料问题出现的。出货前的质检环节是非常有必要的，千万不要因为问题小而抱有侥幸心理。

七、不要轻易透露自己在业务上的“无决定权”

大多数时候我们应该和客户坦诚相待，但是当我们向客户透漏自己对很多事情无决定权以后，客户会失去耐心和信任感，因为他们希望所有的问题都能有专业和最终的答案，而不是因为业务员无决定权导致反复确认，所以我们不能轻易透漏在业务上的无决定权。

决定权这个细节问题，大多数外贸人是很少意识到的，让我们先了解一下什么是决定权。当生活中需要解决一些纠纷或疑问时，我们想到的首先是直接找有决定权的人，能拍板做决定意味着解决问题能够更加高效和方便，省去很多沟通的成本，同时也能为当前的纠纷寻找一个最佳和最终的解决方案，不需要来回为某些事情做反复确认。

在开发客户的过程中，我们应该重视这个最佳和最终的解决方案，它意味着客户从始至终都把有决定权的人的回复当作公司的最终回复，并由公司做担保和负责。

关于决定权，我从旁观者的视角来看这个问题：做管理的时候，我因为能够看到所有人的邮件，自然而然地可以看到所有业务员的签名，大部分人的签名里会带上职位描述。我观察到大多数人的签名是用 Sales（销售）或者 Sales representative（销售代表），较为中规中矩。但是，也有一小部分人会把自己的职位描述为销售经理，我非常理解这样的做法，并没有因为职位的原因进行阻拦。在长时间的观察以后我得出一个结论：用 sales manager 的人相对于用 sales 的人在与客户的沟通中会占有一些优势，这种优势来源于客户对于 manager 这种职位的认同，对决定权和专业度的认可。如果用量来描述这种不同，最明显的差别是带有 manager 的询盘回复率会高很多，同时在沟通中如果这些“Sales manager”能够有机会展现出他们对于产品的专业性，是很容易获得客户信任的。这就是人性，客户也是人，进行客户开发就是要深刻地理解人性，知道以什么方式最容易获取客户的信任，然后用尽各种方法去实现，先将客户的眼球和信任抓到手。

我没有阻挠业务员写虚假职位的原因是知道这些“Sales manager”深谙了业务开发的精髓，读懂了人性。他们很可能在无数次的有意识或者无意识地透漏自己的无决定权以后，发现客户的态度落差很明显，客户语气更强硬了、更步步紧逼了，于是，才使用了以上的策略。

我们可以试着想一想，客户在看到几十封报价都是来自 Sales 以后，看到 Sales manager 就会不自觉地就会多看几眼，这个细节在无形中给自己的邮件增加了回复的概率，为什么不能加以利用呢？在业务开发中人性的表现是客户会不自觉地做自我保护，尽可能地争取更有利的谈判条件。我们不要责怪客户，这是一项生存法则，客户违背了就会有遭受损失的风险。我们需要做的是尽可能地去理解业务谈判过程中的各种人性，反省自己下意识的表达，明白哪些地方容易暴露自己，进而学会保护自己，争取客户开发成功。

业务员在入行的时候比较容易透漏自己无决定权，任何对外沟通的事情都需要经过上级审批、修改再发送，久而久之丧失掉自主思考的能力和尝试思考的能力，一旦出现稍微紧急的情况就会手足无措，不知如何回复客户，最后在客户的来回询问下败下阵来，直言自己需要向主管、经理、公司确认才可以得到答复。遇到通情达理的客户可能会选择等待和包容，可遇到成熟的买手他们可能就此结束沟通，或者是主动要求和上级进行沟通，业务员在此刻俨然成了传话筒，要知道传话和主动的回复对自己的锻炼是千差万别的，我们要坚定地做后者，在任何时候独当一面，应对客户的各种问题，掌控局面。所以，新人的成单率低的一个重要原因是在有意和无意间向客户透漏了自己无法做决定的信息而让客户失去了信任，被一部分客户作为提供参考信息的备选。

有人可能会想到将谈判节奏缓下来，就价格向上级或者领导进行申请。价格申请是在有了一定的客户沟通基础，只是感觉价格上无法让客户满意时，我们灵活地变通将无法降价的原因转嫁给领导，而不是从头到尾在中间传话。此外，出于对自己的保护，我们对领导、上级的表达可以稍微做一些修饰，如用 my leader, my management, my director 等，客户不会太在意这些词。

很多人在面对工厂或者生产、质检、采购等部门时很容易被他们的气场和情绪影响，例如，工厂生产线回复“客户要求怎么这么多，现在订单排这么满，不做了”之类的话，听到这话我们很多人会选择告诉客户“Our production manager advised us that ...，we can not arrange the production for you.”（我们产品经理说没有办法为您的订单安排生产。）一句话让 production manager 的决定权远高于我们，先抛开无法为他安排生产这个结论，单单就这种表达方式 our manager advised us 已经让客户看到了我们的无主导权，这是非常致命的。我们可以换一种表达方式：I got the feedback from my production manager that ...（刚得到了生产经理的反馈……）大家仔细去琢磨 feedback 和 my 的深刻含义，和上面的表达进行对比高下立判。这种方法其实同样适用于质检、采购、操作等其他部门，让客户知道我们这方的所有问题我都能统揽全局，他怎么会不放心把订单交给我？

这几年我接触过一些国内项目的谈判策略，见识过国内很多团队为了达成合作，为有决定权的那个人以外的每个人安排好其谈判职责，由团队其他人辅助，甚至会在谈判以前做好预演，效果不错，这种做法我们可以加以改良和借用。

一个销售团队的成员，在公司内部有职位的区分，但是在对外的时候，应该给每个人最好的谈判条件和主导条件，特别是面对直接客户时，应该赋予这个业务员更多的决定权，其他人尽可能地进行辅助，这才是一个销售团队应该做的工作。同时，在和客户沟通的过程中，我们应该尽量避免告诉客户自己无决定权，如果客户步步紧逼，可以大方地告诉他：“我先去做确认，确认好答复你。”

八、尽可能多地“抢占”客户的时间

客户开发有一些技巧是只能意会，不能言传的，但是我们必须意识到这些技巧，在开发的过程中，帮助我们更好地判断客户的意向、客户的真实意图。这些只能意会的技巧之一就是我们要尽可能多地“抢占”客户的时间，因为客户的时间是有限的，当他花费在我们产品上的时间更长，成单的概率必然就更高。

哪怕是开发的高手，也会碰到一些不冷不热的客户，他们会一直和业务员保持沟通，但是缺乏主动，好像我们不主动跟踪，他就会消失。这类客户是比较难跟进的，他们有可能同时在和好几家供应商沟通，所以在没有出现对比的结果以前，不会对任何一个供应商过度热情和主动。对于买家来说，这是正常的，那我们有没有办法或技巧在这个过程中抢占先机呢？当然是有的。

- 我们可以在个别的跟踪邮件里更加主动地就客户担忧的问题多罗列几个问题，既然客户一直持观望的态度，我们就用这样的开发策略变被动为主动。如果邮件中罗列的问题正好是他担心的问题，大多数客户是会忍不住回复和说明的。客户对我们较为负责和深刻的问题进行回复，对于其他的供应商可不是好消息，因为人的精力是有限的，他可能没有太多的时间面对其他供应商的跟踪了。当然，罗列的问题及时机是我们需要好好把握的，它是对客户的真实担忧有准确判断以后归纳出来的，非常考验个人的综合能力。
- 在即时聊天软件越来越普及以后，客户和我们的联络也更为方便。在客户的工作时间，看到客户在线就会忍不住打个招呼，简单寒暄几句，可能几个来回以后便可以像熟人一样聊聊行业、国际形势等，生活阅历越丰富，谈资越充裕，客户的黏度就越高。如果我们善于观察，会发现 What'sApp 这类在线聊天工具可以显示客户的在线状态和最后在线时间的，长期观察可以让我们找到客户的登录时间点，梳理不同时间点客户和我们聊天的内容和时长，判断哪个时间段他愿意多谈谈产品，哪个时间段他回复较慢或者不回复等。掌握了这些客户的在线聊天习惯以后就大致掌握了客户的节奏，剩下的就是尽量谈到客户主动表示不得不下线。如果我们好几次都谈到客户下线的前一秒，那么我们差不多占据了客户绝大多数的在线谈判时间，这会大大提升成交的概率。当然由于时差的缘故，我们可能会牺牲自己休息的很多时间。
- 在展会或者客户每年的商务旅行期间，有很多客户会选择来访中国，顺便见见他的新老供应商，这其实也是一个机会，如果我们知道这段时间对客户的重要性并把握住，在他的中国之行里给他印象深刻的接待、商务沟通、宴请等，我相信对客户开发是有很大助益的。

在这个问题上有些人会陷入误区，一味地抢占客户的时间强行挽留客户，比如本来有车票去拜访其他省市的供应商，却说订不到票等，打乱客户原订的供应商访问计划，这种行为没有商业素养。正确的方法应该是让客户心甘情愿地和我们进行沟通，也大大方方地把客户送到下一家工厂，因为生意讲求的是你情我愿，客户考察的不仅仅是公司、产品等，更重要的是人，我们应该用专业知识和职业素养去占据他的时间，而不是用手段。

很多人对于谈判周期较长的客户总是拿不准，会因为周期过长而对客户的信誉度和真实度产生怀疑。其实不然，如果在较长的周期内，我们和客户一直你来我往，就产品各个部分进行了解，成单的概率会很高。如果我们回过头思考邮件沟通的内容，会发现其实很多细节在以各种方式不断地做确认，剩下的就是等待客户的订单。与这样的客户合作，真正到了下订单的那一天或许没有太强烈的成就感，但是平时的开发细节足以让我们回味良久。

如果在开发客户的过程中，我们始终和客户保持紧密的联系，而且谈判的内容都是实质的问题，那么我们的内心应该从最开始的不确定转变为平稳，因为我们“抢占”了客户的绝大部分时间。同时，我们也应该尽快地意识到客户可能不会在短期内下单，我们应该对客户进行详细的跟踪记录，定时地查看客户的反馈和需求。有了这个理性的认识以后，在客户偶尔出现强硬语气，而我们有理有据的情况下，也可以适当地将委婉的语气转为义正词严，慢慢地让谈判的天平回到平衡状态。我们要用时间和精力去换回客户的尊重，有了客户的尊重，订单就不远了。

九、将情绪与工作分离开

我们知道邮件是商务沟通的重要形式，它有一种无形的契约感，所有需要做正式确认的内容都必须以邮件的形式进行通知和确认，这是在线聊天工具、面谈、电话等方式无可比拟的。在开发过程中无论遇到任何情况都要时刻提醒自己，在正式的形式下千万不能带着任何负面的情绪进行回复，因为这种负面情绪一旦被察觉，可能永远都无法开发出这个客户了。所以，我们要把情绪完全从邮件里剥离开，确保所有发出去的邮件不夹带任何感情色彩，如果一定要有感情，最好是表达积极正面的情绪。

◎不能因为太过投入而夹杂情绪

客户开发本身是一件需要投入情感、激情、耐心、时间的事情，它是有生命的。做好开发工作是一件非常消耗精力的事情，直到客户确认了订单，才敢有片刻的放松。两个人从完全不认识到最后达成一致、签订 PI，这中间要发生的事情确实是太多了。就像恋人一样，有分歧、有和解、有矛盾、有憧憬等，对于很多以真诚来感动客户的业务员来说，很容易因为和客户沟通过程中太过投入情感，又不懂如何收放自如，导致最后不欢而散，错失机会。我们应该意识到开发客户是情感投入，也是工作，要将情感收放自如，开发工作最好的结果应该是订单完成，所以无论开发经历怎样的困难，最终能够提供给客户他想要的产品就是情感上的最佳回报。

◎ 不能因为内部矛盾和客户施压而情绪化

客户开发过程中有很多事情我们无法主导，需要生产、技术、采购等部门的通力合作，每个部门甚至每个人都有自己的立场，在应对客户问题时，必然会有不同的意见。我们则需要将不同的信息进行归纳和总结，再正式地反馈给客户，这样一来我们要承受公司内部的各种责任和压力，比如采购人员的拖延、生产人员的敷衍、技术人员的高冷、上司的打压等，一个再强大的外贸人也会经受不住这些打击，更何况还要表现出良好的一面给客户。如果在自己解决了所有问题以后，客户又出现了投诉和抱怨，很多人可能情绪会失控。

比如，有人会在百万订单确定以后，感觉害怕多于喜悦，不是因为维护不好客户，而是因为担心工厂达不到客户的要求。客户有特殊要求，他在下单的时候把这些要求用大写、红色、加粗字体标示，生产部门还是会做错，客户要白色的外箱，领导按照自己的意愿做了棕色箱，结果全部返工，客户要求 6 个装一箱，领导又自己做主 8 个装一箱等。也许这些调整是为了节约材料成本、人工成本，但是一件件失信于客户的行为消耗的是客户的耐心。最让人情绪崩溃的是，自己明明是按照客户的要求做，一遍遍地确认叮嘱，可是生产部门全然不顾，产品质量得不到保证，自己还要被客户责怪。

这些事情确实很让人无奈，但这就是做客户开发必须面对的问题，谁能够管理好自己的情绪，处理好内部和外部的问题，谁就更容易拿下最终的订单。正确的做法是无论发生任何事情，在和客户解释的时候，哪怕这件事情我们已经做到了极致，我们还是要立刻认错，并安抚好客户的情绪，冷静地给出让客户无法拒绝的解决方案或者赔偿方案。这就是外贸，这就是开发，像大海一样包容一切的矛盾和问题，收敛自己的情绪，即使内部有急流、暗涌，我们展现给客户的也应该是海的清澈和平静。

◎负面情绪留在公司内部，将最好的状态呈现给客户

一个人的负面情绪累积到一定程度是会严重影响工作心态的，如果某些情绪实在是无法克服或者释放掉，尽可能地把情绪在公司内部释放。这种释放的方法我就不做说明了。在公司内部问题的处理上可以更强势一些，该追究谁的责任就相应地追究，要让大家觉得把订单做好，把客户维护好才是最重要的，远比部分人的立场要重要得多。

◎人的情绪是无法避免的，但是邮件中不可以带情绪

人的情绪是无法避免的。客户询价了数十次，每次询价以后就没有了下文，样品也发了好几次，甚至是PI也来回改了好几回，但在最后的关头总会因为各种问题被搁浅，又或者客户的终端没有反馈等。很多人会因为一次次的希望破灭而感到绝望，这是人的正常情绪，也是正常的业务开发，我们要学会适应，控制住情绪，冷静地思考，那时我们会发现只要客户还在询价，说明客户仍然有潜在的购买需求，这是机会。

人有情绪，但是邮件中不可以带任何情绪，我们可以等自己完全冷静恢复理智以后再用专业的姿态做回复，这才是外贸人职业素养的体现，而这种素养会增加客户对我们的好感和信任度。

十、用专业赢得尊重

专业这个词，非常有魅力，可以当作一张名片，当我们的专业能力达到一定水平时，会把专业领域的一切看得非常透彻，也能够对该领域的趋势有较为准确的判断。我先用自己经历的几件事情来介绍如何用专业赢得尊重。

一次是在进博会延展的时候，有一位老先生看中了一款蒙古的酒，这是一种很特殊的酒，他的想法很简单，代理这一款酒，他不愿意做得很大，就想做好他当地的市场。我其实并没有留意到他说的这款酒，看到他非常着急而且苦于无人问询的样子，我向他十分详细地解释了进出口的流程、风险、品牌、代理、推广及包装、运输，甚至如何开公司、如何申请进出口权等，并着重强调如何防范风险。老先生越聊越起劲，问我是哪家公司的，向我要名片，当时我身上确实没带名片，用纸笔留下了我的联系方式，结束的时候整个展馆已经空无一人，我这才发现我们聊了差不多两个小时，他临走的时候还说：“聊得真过瘾，明天你还来吗？”我答我明天还来。

同样是那次作为专业观众参观展会，我走到一家马来西亚贸易部的摊位时，正好发现有两个空位供观众休息，我和同事两人进去坐了一会儿。过了很久来了一个人问我们是否有相关需求。她可能觉得我们坐得太久了，我跟她聊了聊出口的事，她支支吾吾地让我联系她所在公司负责出口的部门。那我说我们聊聊进口吧，她便拿出一本样册介绍她公司的产品，那段介绍词她似乎说了很多次，讲的时候只是机械地重复着。随后，我放下样册问她橡胶的事宜，我瞬间感觉到她眼睛发光了，开始激情地介绍橡胶……临走的时候，我从前台拿了一张名片，走了很远以后，她跑过来送了我一本最新的目录册，让我有需求的时候联系她。同事在一旁感叹，他以前确实不知道马来西亚的橡胶这回事，这次真是学习到了。如果我们把专业展现给客户，也同样会得到客户的尊重和敬畏，这才是最容易让我们走向订单、走向合作的。

再回到客户开发上，记得有一次我参加行业展会，有一个俄罗斯客户来到展位看产品，因为机械类产品的技术含量比较高，所以客户直接带上他的工程师一起参展。他来到我们的展台前看中了一台机器，可是对机器的清洗功能和清洗配件的更换不是很确定。当时公司的工程师不在展位，而销售员，大多只知道产品的价格、型号、基本的参数和功能，遇到偏向实用的问题时，没人能理解客户的问题，就更别谈回复他的问题了。我看到后，走过去向工程师介绍清洗的原理，以及配件的更换方式和配件价格。随后，他又对我公司的机器的性能和精度提出了疑问，我又做了比较详尽的答复，客户和工程师两个人一直用俄语交流着，似乎非常满意。最后，他们解释说：这种类型的机器在他们国家还没有，所以想了解一下，以后尝试做代理，随后可能会先下一个试单，问我是不是工程师？正好工程师回到了展位，我说这位才是我们的工程师。之后客户主动向我要名片进行后续沟通。

那次以后，我相信同事们都知道了专业的重要性，要想拿下客户的订单，我们除了能够在业务技巧上专业外，还应该在产品知识上更加深入和专业，成为产品专家，这样才能时刻保证和客户的沟通在同一个频率上，赢得客户的尊重。

专业这个词很有分量，它要求我们不仅仅熟悉自己的产品，而且要深入产品原料、工艺等各个细节；不仅仅对自己行业有领悟，也要能知道行业的趋势、发展甚至是瓶颈；不仅仅对某个客户某个国家了如指掌，也要能够对全球市场及环境有大概的了解，这些都需要积累和思考。

十一、订单即将确定时，越说 NO，越能拿下订单

通常来说，在开发客户的时候，还没有完全获取客户的信任以前，我们最好不要轻易说 NO 或者直接当面拒绝客户的要求，因为直接的拒绝非常容易给予客户挫败感。在开发初期，不能过早地给客户一种生硬的挫败感，要尽可能地顺着客户的意思，哪怕他的要求是无理的，我们也最好进行清晰的解释让他意识到这个要求很难办到，用委婉的方式告诉客户他提出了不合理的要求，这样既保住了客户的面子，又巧妙地解决了问题，总而言之不能让客户感受到"败了"或者"输了"。

我们要慢慢帮助客户建立一种信心，一种他可以随心所欲地发挥他的想象力的信心，在此基础上我们可以对很多的条款达成一致，比如交期要 20 天没问题、付款方式只预付 30% 也没问题、货代用指定货代没问题、做 OEM 包装没问题，在双方信任的基础上有些问题是可以做让步的，这些让步可以让客户有更便利的条件，最大可能地促成订单。

但是，在其他的谈判条件做出妥协以后，有一种 NO，我们必须学会说。当万事俱备，客户最后回到价格谈判上的时候，比如他说："Everything is clear now, could you please give us a better price? As we need money to do the market promotion here."（好了，所有的事情都清楚了，能不能给一个更好的价格？因为我们本土的推广也需要费用。），这个理由看似无懈可击，他确实需要一部分资金进行本土推广营销，但是仔细想想可能他还需要资金在当地清关、交税、运输、仓储等。事实上，客户在有了采购意向的时候就会考虑这些费用，而用推广这个理由的根本原因就是想在价格上要一个折扣。提到折扣的问题，前面的章节讲过可以灵活地申请一个折扣价格，促成订单。但是，此时此刻，我们越是铿锵有力地咬住价格，坚定不移地说 NO，把客户的还价推开，客户越是对购买的产品有信心，对价格的认可度提高，这相当于给客户打了一针强心剂。相反的，如果我们再一次选择妥协，会让客户感觉产品在价格上存在一些"水分"，是不是还有降价的空间，是不是产品质量有问题。这种来得太轻松的幸福反倒会让客户心生忐忑，如果我们在回复里直接告诉客户这就是最好的价

格，就是理解透了客户的担忧，打消了他对于质量的疑虑。

在面对面和客户谈论价格优惠问题时，这种感觉会非常明显，而且可以看得更透，大致情况是在前期把很多事情都谈妥了，到最后做 PI 的时候，客户猛然想起来他还要找货代，又是一笔费用，让我们在最终的价格上给予折扣，当我们说 sorry 时，客户反而如释重负地笑了，非常爽快地下了订单。他说这句话的意思仿佛是在问："产品质量信得过吗？"我们的 sorry 是心领神会地告诉他"请放心，买到就是赚到"。

很多时候，客户看多了千篇一律的回复，想要比较真实的答复，就会从其他的方面旁敲侧击，我们一定要结合对客户的了解和判断，预测他的真实意图和担心，形成一种默契，这里的 NO 其实是顺利地将谈判直接转向订单，避免客户在信任感上打折扣。

十二、巧妙地回复客户问题

由于开发客户的过程中彼此没有很多的机会见面沟通，加上时差的因素，有很多问题不能及时地在工作时间解决，所以在开发的过程中很多人会碰到一种情况，就是耿直地阐述事情的真相只会让客户更担心，或者是让自己处于非常被动的局面。回过头想一想，如果当初在向客户解释的时候换一种说法，就不会因为一些无关紧要的问题而丢失客户，或者虽然拿下了订单，但是让客户因为某些事情久久无法释怀。一个巧妙的回复既能最大限度地维持和客户的良好关系，又能妥善地解决问题。

很多人向我请教回复的技术，因为他们的回复是让客户无法相信，毫无说服力，我们先来看看大家在回复上有哪些困惑。

案例一：

"我有个客户是领导认识的，因为领导的关系我们才接到订单，当时客户终端确定订单的时候，交货期给的是 35 天包含船运，但是实际是包含船运 45~60 天，我担心客户会有心理落差，该如何说才好？"

我可以猜到他的领导在接订单的时候拍着胸脯跟客户保证 35 天一定可以收到货的场景。我是这么说的：

"我们尽量在下个月 19 号完成，但是因为是领导亲自谈的订单，他有特别的嘱咐，对于品质的把控和测试等会更加严格，交货期可能会有 5~10 天的延误，正常不会有这样的事情发生，请放心。”

案例二：

“客户的货原本 4 天就可以备好，但我们工厂接到停产通知，具体开工时间未知，要等待环保局的通知，我前天刚订完 4 号的火车，通知客户 4 号交货，我该如何向客户解释才能让客户接受呢。我的客户也是中间贸易商，他需要向他的客户交代，这批货他一直在催，您能给出建议吗？”

有些问题，比如在遇到不可抗力的情况下，Chris 也未必有十全十美的谎言，所以在有些问题上，我们的坦白才是最好的解释，但是这种坦白我们必须有一些修饰，让客户无法拒绝。

运输方面：取消火车，并告知货代延误。

客户方面：如实地向客户解释环保停工的原因，告诉客户有很多工厂停产，是政府治理环境的政策，并找到环保局的官方文件，用文件向客户进行解释，待复工后马上安排出货。

案例三：

“Chris，有个问题想咨询你一下，一个新加坡客户我断断续续联系了几个月，其间针对好几个项目报了价格，现在重心在最开始的那个项目上。客户想要我们给他做一个免费的样品，但是这个样品的成本很高，需几千元人民币，有什么好的说辞去反驳呢？”

一般情况，几千元人民币的样品费是可以收取的，可能有一些项目金额比较大，但是买方会考虑到卖方的开发成本问题，如果每个客户都提供免费的样品，卖方压力巨大。

所以，在样品费的问题上，我建议他可以回复客户：样品制作成本比较高，USD ×××（直接告诉客户样品费金额），所以会有样品费，公司出于成本的考虑，在收到样品费以后会安排打样，而大货以后这个样品费可以返还。

这是一个关于样品费比较典型的回复，坦诚地告诉客户成本比较高，但是会在大货以后返还。

案例四：

“当初答应客户让他代理我们的设备，而我们公司的其他同事不小心把产品卖到了他的国家，客户发来邮件投诉，怎么办？”

违反契约精神确实会让客户非常恼火，他做了代理，就可以自定义价格，现在同款产品以另外一个价格出现在他的市场，会造成客户的恐慌。

我建议可以用转嫁的方法，告诉客户这个设备是由内销转到其他公司再外销出去的，对于其他公司的市场没能做到及时把控，真是抱歉。这件事情正好提醒我们做好产品和市场的把控工作，对内外销产品进行区分，坚决杜绝类似的事情发生。

在回复的技巧上，更多地考验个人的生活经验、对产品市场的认识、对市场的判断等，此回复要能让客户看到我们的诚意，有时候也要让客户知道我们的为难之处，双方互相支持才能走向长期的合作。

第三节 高手开发客户的心态

高手过招，在双方均有足够的专业知识和开发技巧之后，剩下的就是心态了，心态不成熟、不稳定是无法在谈判过程中赢得客户信任的。客户更愿意将自己的生意交给一个心态成熟、积极的人，也更加欣赏敢于直面困难，能解决问题的人。大多数情况下，如果客户是一个久经商场的职业买家，从谈判的几个回合中，就能看出供应商的优劣，而最明显的就是心态的差别。哪怕开始时我们还不能够完全理解高手的心态也要让自己的回复像一个高手，这样才能够在开发过程中取得一些优势。

良好的心态是需要打磨的，是在历经无数次失败的洗礼以后获得的。真正的高手开发客户时的心态应该是波澜不惊的，无论面对怎样的客户、怎样的突发情况，都能找到最合适的方法灵活处理。

一、开发客户的“人设”

“人设”这个词在开发客户的时候可以把它看作中性词，是指在业务开发的过程中，给客户怎样的整体印象，“原来对面是这样一个人在和我沟通”，因为任何客户的开发都不可能在双方没有任何交流和沟通的情况下完成。

在业务开发的不同阶段，由于不同性格，甚至不同性别等因素，我们处理和对待客户的方式不同，我们所呈现出来的形象是完全不一样的，大多数时候我们只要做好真实的自己，有理有据，让客户看到我们较为真实的一面，就能够征服那些欣赏我们个性的人，让双方走向合作。这里的个性其实就是纯粹和真实的人设。但同时也会出现因为个性而冒犯一些难以认可我们个性的客户，其实真实的个性是获取订单的基础，但是要拿下所有类型的客户，仅凭真实的个性是不够的，还需要拿下所有客户的人设。

◎开发中常见的人设

有人说个性是天生的，但我比较认可的是个性是天生加上后天的生活环境和经历形成的，所以我们可以看到自己团队里的每个人的性格和处事方式是不同的。有些人外向开朗、表达欲很强，善于发表自己的意见和想法，喜怒溢于言表，但也有一类人不善言辞、头脑灵活、运筹帷幄等。这些与生俱来的灵性是开发成功的基础，能运用好，是有无限的发展空间的。

我们身边应该有这样一种外贸人，平时非常活泼、乐观开朗，将这些良好的个性很好地融入客户的开发里，邮件的字里行间流露出非常积极和活泼的情绪，表情符号、标点符号等运用得恰到好处。虽然行文没有商务邮件的气息，但是整体给客户的感觉非常真实和有活力。这样做的优势是客户在忙碌的工作中看到了充满活力和生机的邮件，会有一种轻松感，再加上这类外贸人的努力和勤奋很容易拿下客户。大多数欧美客户在面对富有激情的开发方式时会持欣赏态度。当然也不乏不苟言笑而心思缜密的人，他们平时话语不多，邮件中惜字如金，但是逻辑和条理非常清晰，出现任何问题都能及时冷静地寻找原因，凭借自己的专业和冷静获得客户的好感，拿下订单。

这是两种比较常见的个性，当然也会存在其他个性，在此就不一一赘述了。他们在谈判的初期会因为突出的个性而给客户留下比较深刻的印象。这些都是真实的表达，没有“人设”，下面来看看我所认为的“人设”是怎样的。

◎怎样的人设才能争取更多的客户

理想的外贸人应该是专业扎实、内心缜密、有勇有谋的人，展现给国外不相识的客户的印象应该是谦虚谨慎、诚实守信、敢作敢当、头脑灵活，却带有一些天真，甚至是可以让客户“欺负”的人。这里的“天真”和“好欺负”并不是真正意义上的容易被客户欺负，而是在对某些问题进行谈判时适时表现出谦逊或者是天然呆。

这个人设的意义在于大多数国外买家非常欣赏专业的供应商，但仍然不太愿意和聪明过头的人合作。专业是对工作能力的认可，谦虚、谨慎、诚信是对人品的认可，而天真和好欺负是更深层次的合作基础，这是我通过对人性更深层次的思考归纳出来的。客户也是人，他难道不担心有一天业务员将这些聪明的做法运用到他头上吗？难道客户就不会犯错误？犯了错误以后要面对一个比自己厉害百倍的人，他会有压迫感。客户开发的初衷是要让整个开发过程给客户一种自由且舒适的感觉，而不是让客户觉得是在上一堂看不到老师样子的课程。

◎ 大智若愚的人设案例

“水至清则无鱼”，这个道理用在“人设”上再合适不过，在缜密之余，我们要制造出一些天然呆，对有些事情睁一只眼闭一只眼才是最深层次的开发法则。

比如 Nancy 发了一批货物给老客户 A，由于是返单，货物的质量确定和以前出货的批次一样，但是这次客户 A 说货物出现了问题，想要在尾款时打个折扣，我们当然可以找客户要照片、拍视频、反复确认，最后确定到底有没有问题。但是出货前自己对货物的质量是有判断的，这个时候客户要折扣，问题不一定出在货物本身，也许就是因为我方以前一直在价格上限制得比较严格，现在客户想要更实惠的价格而已。知道这个潜在的意思以后，我们为什么不直接在尾款上打个折扣呢？

在客户开发的这条道路上，我们对所有事情都应该有非常清晰的了解和判断。但是在对待客户方面，若所有事情都查得水落石出，久而久之客户会因为我们难以沟通和不够灵活而渐行渐远。而我们表现给客户的天然呆的人设，正是高情商的表现，是对人性本质的把握。

个性与真实，有时并不适用于比较看重最终结果的业务开发，人设的意义是为了尽可能地避免因为个性而丢失客户。让客户感觉到舒服才是突破瓶颈的关键。

二、“我的产品是最好的”

客户开发的第一步是要对自己的产品有足够的信心，很多人第一步就没做好，总认为自己的产品价格比别人高，质量比别人差，技术比别人落后，根本不会有客户想继续沟通，就好比打仗以前知道敌我双方实力悬殊，直接选择了投降一样。产品是一切谈判的起点，若没有克服对产品没信心这个问题，一旦谈判过程中出现了分歧就会怀疑产品本身，这是业务开发的大忌。

一个朋友出国以后发现国外的同类产品技术比自己的产品先进很多倍，根本无法做比较，顿时觉得自己的产品毫无销路，这是非常悲观的想法。我跟他打了一个比方，在苹果手机推出以后，大家一致认为没有人能够造出比苹果更好用、更美观、性价比更高的手机，但是最近这几年华为、小米等产品在东南亚、非洲等地卖得风生水起，而华为的巨幅广告也一直投放在欧美强国闹市区。这就能说明问题，如果他们认为无法打败苹果而不做手机就没有今天的成就。

产品需要有一步步提升的过程，从最初的不成熟到最后的备受推崇，所以在进行客户开发的时候我们应该抱着这样的心态，告诉自己这是一个有潜力和充满希望的产品，只有这样才能够以舍我其谁的气势去迎接客户。当我们觉得客户不选择我们的产品是他们的遗憾和损失以后，这样的信心会感染客户，他们会想多了解。如果我们有幸把客户拿下，就会增加一分对产品的喜爱，待我们对市场的行情有足够的了解以后，我们会发现其实我们的产品真的不错。

高手对待产品的心态是由衷的喜爱和尊敬，对自己的产品总是能夸夸其谈，永远看到产品的闪光点，将闪光点放大。

三、每个询价都可以走向订单

业务开发的另一种重要的心态是每一个询价都可以走向订单。很多人在和客户沟通几个回合以后，看到客户对于报价非常平静，没有更进一步的打算，就觉得这个客户不可靠，采购意向不强烈等。其实没有哪一个询价是无意义的，因为每一个询价背后都是客户对于产品的真实需求，我们需要做的是想尽办法把真实需求发掘出来，再匹配给客户相应的产品或者服务。

◎ “高仿询盘”开发出大客户

我有个南美代理商客户，最开始的询价信息是：“Send me the price of item please.”（请发给我产品的价格。）这是非常简单的询价，在询价里没有任何关于产品本身的疑问，看起来像一个“高仿询盘”。当我耐心且认真地回复客户的每个疑问后，我发现客户慢慢地把他的想法告诉了我，他想做代理，想在南美洲 4 个国家销售我们的产品等。在开发客户的时候，如果遇到一百次失败或者不回复，于是，在一百零一次的时候选择懈怠，很有可能会错过一个非常优质的客户，这是非常不划算的。

◎ 所有人都认为不可能的客户也要拿下

在和巴勒斯坦客户 Frank 沟通的过程中，我每次和他在线打招呼，他总是非常礼貌而又非常冷酷地回复“hello”就没有下文了。而每隔一段时间他总会上线问问我产品的最新价格，我报出价格以后他又以价格过高为由结束对话。我断断续续地跟进了他一年，他问过我产品的价格、质量、软件、系统等问题，但每次他都在价格上戛然而止。所有人都认为这个客户是在套信息，是不可能会有结果的，而我从来没有这么认为过。作为直接面对客户的人，我们大多数时候是有非常清晰的判断的，当然此判断也有一部分来自把询盘看成一笔未完成的订单这种心态。直到有一天客户突然主动找到我问这款产品有没有现货，交货期是多久，我知道机会来了。虽然前期客户在价格上的态度非常强硬，但是在他的采购意向明确以后，价格不是问题了，他甚至没有再谈价格而是直接走向 PI 环节，最后那些质疑客户的人都沉默了。心态是打磨出来的，在打磨的过程中有无数的质疑和打击，有时候需要一些执念甚至是神经质来排除这些质疑声。

◎ 所有人都不看好的客户也能创造奇迹

开发一个澳大利亚客户时，前期也是在线沟通，每次问客户关于产品的想法，他总是说他已经是“off-duty time”（下班时间），而到了工作时间，他总是说“I am busy，Chris, talk to you later.”（Chris, 我很忙，待会聊。）根本无法进入实质的谈判。就这样断断续续地开发了半年时间，直到有一天我向他发了“hello”以后，他突然说会来中国，我热情地邀请他来公司参观，他说要去工厂，我说没问题。

由于最初谈到的那款产品是和我们合作的工厂生产的，我甚至都没有去过这家工厂，公司领导们知道客户要来工厂比较头疼，一方面要联系工厂配给，另一方面也比较担心客户直接跳过我们和工厂合作。更加让人想象不到的是，那天客户带了一个中国人一起来，全公司上下都认为这个客户不可能下单。但是看我仍然非常坚持的态度，只好同意我带他们去参观工厂，而且是让我一个人带他们去工厂。

很多人会抱怨在业务中得不到任何支持，但是当我们没有天时地利人和的时候，还有自己的头脑和努力。澳大利亚客户参观工厂那天的几件事情，至今我仍记忆犹新。

- 由于客户对于工厂的问题比较敏感，我不能让他知道我对工厂不熟悉。可是我收到的短信内容是，工厂地址：××××路，联系人周，电话×××××××××，而工厂所在的位置正好临近一个十字路口，每个方向都有不同的工厂，根本看不到这家工厂的名牌。出租车司机把我们送到十字路口的时候，我也懵了，可是我花了3秒钟做出了决定，打电话让周来迎接，完美解决了对工厂不熟悉的问题。
- 在带客户看流水线上的产品时，工厂的销售经理正好也在旁边，客户询问了一些产品维修方面的问题，他做了简单的回复，而客户问到价格时，我马上接过话进行补充："我晚一些给你做报价。"然后，我和工厂销售经理相视一笑，解决了客户的归属问题。
- 返回上海的时候，我记得那个随行的中国人特意让出自己的位置让我有更多的时间和客户进行交流。我认为这个中国人是能够看出一些端倪的，但是他更认可我的认真和执着。

参观工厂的过程中其实多次发生意外，但是发生问题以后解决就好了。客户回国一个月以后，就下了订单。我又一次告诉所有人什么都有可能。

要知道每一个询盘都是有机会成功的，哪怕我们没有拿下，也会有其他的供应商拿下客户，所以不能把丢失客户的责任归咎于询盘信息不清晰、套价格、客户要求多、客户不回复这些客观原因，多找找自身的原因，多花时间在客户身上。自己创造奇迹以后，就会越来越相信每一个询盘的可能性。在这样的良性循环下，自然而然地以后各方面的支持会越来越多。

四、成功或失败都是开发的一部分

在面对询盘的时候我们要抱着100%成功的信心，哪怕最后因为某些问题导致订单搁浅，我们也应该保持平静的心态，因为成功和失败都是开发的一部分。相对于最终的订单，每一个谈判的细节，尤其是分歧，是让人记忆最深刻的。就好像我现在仍然记得十年前和客户谈判的时间、方式等，但不记得最后的订单金额了，因为这些是水到渠成的，而且订单落实以前将问题逐个击破才是最使人进步的。

大多数公司对外贸人的要求是花费最少的试错成本而获取最大的利润回报，一味地讲求高效和成功，这其实是与行业背道而驰的。销售的天职永远是开发客户，没有低效和高效的说法。一个优秀的外贸人是客户磨炼出来的，这里的客户不分成交客户、潜在客户和失败客户。据我观察，仅从业务的角度来看，那种做事有执念、无法沟通，甚至有时候你认为是在钻牛角尖的人，在经过一段时间的磨炼后，会爆发出惊人的能量。他们往往活在自己的精神世界里，乐此不疲，但是一旦被某件事点醒，就好像打通了任督二脉，一发不可收拾，我很看好这样的人。

从我们对自己的提升来说，无论是开发成功还是失败，首先应该保持波澜不惊的心态，冷静地接受结果，再回过头把和客户往来的邮件思考一遍，总结出和客户谈判中哪些问题导致我们失去了机会，以后可以换一些思路做得更好。对成功的开发的思考也很重要，在哪些问题的处理上产生了奇效，这种处理方式是不是对客户所在国家的所有人都有效，或者这次是不是侥幸，有没有遗漏什么问题。久而久之，我对客户的性格、谈判方式、对我们回复的接受程度的判断会越来越精准。

我们先来看看这个例子。

一位朋友发来和客户在线沟通的对话。

Sales: Hello，Handsome boy. How about your last weekend?

Customer: Hello，Handsome boy. This one is inappropriate.

Sales: Why, you looks so younger than your age.

Customer: Thanks for the compliment but it is never a good thing to call your potential client a“handsome boy”.

Sales: OK, Dear ××××.

Sales: ××××××××××××××××××××

Sales: ××××××××××××××××××××

客户一直没有回复。

朋友问我："我这个玩笑是不是开过了？"

我答："是的。"

问："怎么了？"

答："商务谈判不是日常说话，称呼客户帅哥是不行的。"

问："handsome boy 有别的意思吗？"

答："客户是在和你谈生意，你得严肃一些，评论客户的相貌是不正式的，也是不礼貌的。"

我记得我在《让外贸邮件说话》一书中有案例是在 trade manager 上和一个美国客户进行沟通，我的用词非常谨慎和严肃。哪怕客户发来一个表情符号，我能够初步判定他是一个热情和开朗的人，我在用词上也是收敛的，以便给客户留下专业和干练的印象。细心的人会发现我的邮件里很少出现表情符号或者俏皮的称呼、标点，我发送出去的内容都是经过深思熟虑的，是有讲究的，在这种情况下才会给客户专业感和信赖感。毕竟生意不是儿戏，任何一个习惯或者遗漏的细节都可能让客户产生警惕，这是非常不划算的。我所认为的最好的业务状态应该是"台上一分钟，台下十年功"，也就是在每次和客户沟通的过程中，把平时积累、学习、沉淀的东西加以浓缩和升华以最完美的状态呈现给客户，所以我会要求自己尽量做到完美。相比较说话严谨和随意的人，在商务谈判初期，客户一般会选择严谨的人。

我试着去分析这位朋友用这个词的初衷，他偏向于善意的赞美，这其实也不为过，就像进店买衣服，店员通常会打招呼：帅哥，欢迎，有新款。这本是一句亲切的客套话，但在国际贸易中不同的国家有不同的礼节，不同的客户有不同的性格、不同习惯。可能我们在本土思维中表示热心和礼貌的话会被误认为是不适当的言辞。每个人的生活阅历不同，对于事物的定性也不相同，当你觉得"帅"是夸赞一个人时，或许他早已过了追求帅的年纪，而向往稳重。在这组对话中我认为客户觉得他没有得到应有的尊重，他可能会想"作为一个商务人士，我哪里看起来像是 boy 了？我显得这么稚嫩吗？"

事实上，绝大多数外贸人在入行的初期是无法准确判断客户的年龄、阅历、偏好、习惯的，因为判断是需要一定的生活阅历和知识储备的，所以这也是为什么在最初的阶段我们对客户的把控能力比较差，对客户的真实意向捉摸不透，很容易失去客户的原因。但是客户是非常聪明的，他可以很容易地判断出我们的阅历、知识、文化、见识等，所以在羽翼尚未丰满的情况下与其想尽办法讨好和迎合客户，不如结合实际情况作出最真实的反应，往往能有奇效。

又比如，客户喜得千金，业务员真心为客户感到高兴，不知道该用什么词来夸赞他的女儿，用了一句“it's beautiful”，客户明显不太开心，并没有用“thanks”来回复。仔细想一想，我们能不能把这个 it 改成 she? 细节显真功夫。

随着我们在专业能力和谈判技巧上越来越成熟，失败的原因可能越来越多地体现在细节。比如，可能多是因为我们没有读懂人性，而选择用自己比较习惯的方式，导致客户选择了一个更懂得人情世故的供应商。

五、选择站在公司或者客户的立场

做外贸最痛苦的事情莫过于一定要在客户和公司之间做选择。从公司的立场来看，客户与公司利益相冲突时毫无疑问地要选择牺牲客户的利益，客户丢失了可以再开发新客户，但是这笔订单的没有利润就相当于白做，这种想法是非常狭隘的。

首先，生意是讲求共赢的。在出现实质性的问题或分歧时，一味地逃避责任不是成熟的解决方式。大多数时候客户只是需要一种解决办法而已，需要我们在关键的时刻，能够多为他考虑一些，我们选择了站在公司的立场而去冷漠地处理问题，损害了客户的利益，以后再想重新开发这个客户机会就很小了。大家都知道，如果在关键的时刻支持了客户的想法和意愿，可能会成为公司的众矢之的，但是客户是一辈子的，若有一天我们到了危急关头，客户的一次帮助或许就可以轻松地解决问题。

其次，生意是讲求口碑的。我们选择了损失客户的利益，这种行为会在客户所在的国家或地区传播，久而久之这种做生意的方式会让自己在国际市场上的信誉大打折扣，慢慢地会进入瓶颈，岌岌可危。反过来，如果我们处理问题

⇧

时能够保障客户的利益，让客户获得更多的支持和帮助，这比我们做任何推广都有效。

最后，外贸人要意识到一个问题，公司的初衷是盈利这没有错，但是我们有责任和义务为自己营造良好的口碑，站在客户的立场上去想问题。大胆地憧憬一下，我相信随着外贸行业的发展，每个人都可以建立起自己的“IP”，让国外的买家一看到这个 IP 便知道这个人是值得信赖的，而不是以公司来“背书”。

六、大客户和小客户

随着全球经济形势的变化，外贸工作早已不是当初抓住几个大客户就足够的，国外大买家的并购、转型等导致订单的规模跟以前大不一样，呈现碎片化的改变。所以，还把想法停留在以前的抓大放小上是不理智的。就拿上海来说，若干年前有很多的外贸公司一年维护好少数的大客户就足够了，对于小客户能开发就开发，不开发也不强求。但是现今的形势瞬息万变，以前稳固的大客户看起来也不是很稳固，可能哪一天公司的利润来源就因为资金问题不存在了。这时再回过头去开发潜力客户为时已晚。既然是这样的情况，为什么不在有大客户的稳定利益的情况下抓住小客户呢？

在面对不同实力的客户时公司会有侧重可以理解，但是如果公司的策略就是只开发大客户、大买家，那我相信客户抓得快，失去得也快，这是很多公司的错误认识。

面对只能做到起订量且返单率也高的那种“小客户”，能够将其抓到手中，会产生长尾效应，如果每个客户都能维护得好，累计起来的订单总量不见得比几个大客户的少。而且小客户的发展是非常快的，除了返单以外，如果客户维护做得好，能让产品在当地形成较好的口碑，可收到意想不到的效果。此外，对于长期合作的大客户，如果相应的产品在当地被其垄断是很容易造成营销的懈怠的，客户控制了货源，他会认为拥有了一切权利，只需要等待就能够获取源源不断的订单，这样一种心态对于产品的快速推广是极其不利的，因为一旦该国市场上有同质的产品出现，客户的垄断地位就不保了，必然会陷入价格战、营销战等。我们源源不断地抓住小客户，心理上会更有底气，因为在众多的小客户里能够发展和培养出优质的客户。

当前，其实跨境电商、B2C 的兴起也是对小客户策略的解读，当我们还停留在传统外贸的大订单、大买家、高利润的想法时，其他人正在用迂回的战术从 C 端客户做起，那种传统外贸不屑于接触的订单，很多人做得风生水起，每年的利润甚至远超传统外贸。最重要的是 C 端的客户订单虽然零散，但是频率高，如果产品质量信得过，合作比较愉快，是可以发展出巨大的需求的，新的需求才是外贸的新机会。

在客户开发中，我从来不会对客户进行划分，我们可以深入地了解客户，可以认识客户的品牌和实力，但是在开发和维护的态度上不应该存在任何差异的，这就是外贸人的职业素养。不能因为是大客户就样品免费，而对小客户就一定要收取样品费；不能因为是大客户就同意他做后 T/T，而小客户就必须出货前付清尾款；不能因为是大客户就同意客户参观工厂，而对小客户就觉得参观工厂是一件麻烦的事情；不能因为是大客户就给他最低的价格，而对小客户就咬住价格不放。我知道这些情况在大多数公司里是真实存在的，但是我们在对客户进行分类和区分以后，就是将自己与更多的机会分割开来，因为我们丢去的可能就是一个改变命运的机会。一视同仁是业务开发最基本的素质，也是做好业务开发必须有的心态。

七、发达国家市场和发展中国家市场

在对大客户和小客户有了认识以后，我们应该重新认识一下发达国家市场和发展中国家市场。很多人盲目地去开发欧美发达市场，觉得只要抓住了某个国家的优质客户就可以吃喝不愁了，其实我们仔细地分析每年的国际贸易数据，会发现有些欧美国家每年的贸易额并没有想象中的那么多。有些国家仅有几千万人口，每年对于产品的需求是固定的，而这些需求可能会由国内众多供应商瓜分，最后落实到某个供应商手中的订单没有想象中的那么多。在我们按照客户的要求做好产品的各种认证、工厂的质量体系、社会责任等以后，留给我们的利润空间也并没有想象中的那么大。而发展中国家的市场也渐渐地被大家广泛认识，当很多人慢慢地开发出这些国家的客户以后，他们发现和这些国家的客户做生意并没有想象中的麻烦，他们非常淳朴和诚信，最主要的是这些国家在基建、材料、生活物资方面的需求是巨大的。所以，很多公司开始在这些国家开办事处，直接进行营销和售后，效果特别明显。

外贸人崇尚欧美市场，愿意和欧美人做生意大概有以下几个原因：

- 欧美人的英文普遍比较好，沟通起来令人舒畅，和他们做生意才不枉费自己学了那么多年的英文。
- 欧美人比较讲究诚信，非常有契约精神，一般不会出现违约的状况，这是对真实客户和真实订单的有利保证。
- 欧美人对产品质量要求高，而对于价格不会太过敏感，这样在谈判的时候会更容易从质量方面进行突破，而不是打价格战。
- 欧美订单量普遍更大，优质的和有潜力的大买家会更多。

随着国际贸易的发展，欧美人也开始看重价格、将订单量减少，开始发展C端客户和电子商务，我们应该意识到形势在不断地变化。

我们再看看大家不太愿意和发展中国家的客户做生意的原因：

- 英文不流利，难以沟通，可能会因为沟通产生一些无法协调的问题。
- 由于教育和认知的原因，一直对这些国家和地区不太了解。
- 没有进行深入沟通，不知道这些国家客户的诚信度，所以在付款方式上由于布局，错失机会。
- 对这些国家和地区的认识不够，一旦个别客户比较在意价格，就认为所有客户只在意价格，不看重质量。

当发展中国家的客户慢慢地走入我们的视线，我们会发现其实他们也是非常有诚信且重情义的，在出现利益分歧的时候，相对于欧美人偶尔的冷酷，这些国家的客户反而会多一分理解和包容，这样的素养是国际贸易得以迅速崛起的基础，我们可以去尝试。

从某种程度上来说，这几年外贸发展变缓的原因是我们一直紧盯的欧美市场的需求没有较大的增长了，原有的订单也岌岌可危。所以，我们的心态需要调整，欧美的传统外贸订单的要求会越来越严格，而且量也会打折扣，这样一来开发出更多的产品品类可以增加机会。我们不能过分地迷恋欧美订单，对于发展中国家我们应该多了解，了解他们的文化礼仪、商务习惯、历史、语言、产品需求等。待我们了解以后会发现国际贸易其实有很多的机会，慢慢地也会对全球市场和分工有更为清晰的认识。此外，我们也会越来越认识到英文只是买卖双方进行沟通的基础，做外贸并不是为了学好英文，而是将语言作为工具去服务客户。

CHAPTER 5

第五章

客户谈判有妙招

客户谈判是指在开发中买卖双方互相协商、探讨、斡旋的过程，谈判要解决的是买卖双方从互不相识到最后确定订单和出货整个过程中的问题。两个不相识的人，仅凭字面的沟通建立信任是一件很难的事情，要解决文化差异、时差、文字、产品细节、设计、包装、运输、通关、价格、付款等各方面的问题，妥善处理好每个环节是非常不容易的，也是非常考验个人能力的。

如果我们学会了在谈判过程中变被动为主动，成功率会大很多，而在变被动为主动的过程中，除了自己努力和坚持、有天赋以外，还有很多的规则和技巧是不能忽视的。我经常看到非常用功的外贸人因为在谈判的某个环节上无法做出最妥善的处理而与客户失之交臂，非常可惜。所以，我们亟须总结一下谈判过程中隐藏的规则和技巧，灵活运用这些“妙招”让谈判更简单。

第一节 预判谈判的周期

如果对整个谈判的周期有很明确的认识，谈判就能够游刃有余，最关键的是可以在正确的时间做正确的事。错误的预判会导致谈判举步维艰，如果客户对订单的需求非常迫切，而我们不紧不慢地将所有谈判的内容和客户进行确认；又或者明明是一个慢单，我们选择一味地催单，这都是不理智的，我们应该学会分析和预判谈判的周期，及时做出调整和变化。

一、速单——谈判周期为 1~2 周

20% 的订单处于这个谈判周期。1~2 周的谈判中双方从毫无关联的两个人到最后对订单达成共识且完成付款，对于一般人来说是难以适应的，我们会有

疑惑，这么短的时间内，怎么把有效的信息以最快的速度传达给客户？但是确实有这样的客户存在，如果细心分析，作会找到一些规律。

◎ 客户寻找当地热销的同款

在接触过类似的客户以后，我发现速单的客户对于产品原本就有一定的了解，这个了解主要来自产品已经在客户所在的国家出现过，且当地的终端客户反应比较好，甚至有可能这个客户以前采购过相同或者类似的产品，最近又想返单。他对产品非常熟悉，一旦样品这个环节过去了，很可能就直奔主题转入价格和交期等订单环节。因为他可能需要赶上销售旺季，或者是他的客户在向他催单，时间对他来说是最关键的。

在分析完这些潜在的原因以后，我们要尽快地向客户确认我们的产品就是他市场上热销的产品。此时，样品就显得非常重要——要通过样品的发送，尽可能多地传达产品、包装、LOGO、材质等客户可能会关注的信息，这些信息能够让客户快速确认产品的特征。同时，这类客户可能对新的款号并没有非常强烈的兴趣，他所表现出来的兴趣就是针对某一个特定的款式，在谈判的时候，我们要适时地压抑一下推荐其他款式的冲动。

◎ 速单可能是试单

试单是很容易判断的，比如客户对产品有非常强烈的了解欲望，同时有意无意地会透露出产品代理、分销等长远的计划。他们看到了产品在该国的市场潜力，想尽快抢占市场，获得更好的议价权。对于有些国家来说，一个新的商品入市往往意味着巨大的商机，在这个巨大的商机下，他们想第一时间看到产品，也想第一时间投放到市场试试产品的反馈。在这类客户索要 PI 的时候我们千万不能懈怠，因为 PI 的成功率是很高的，付款也会很快，维护好了，以后极有可能成为公司的支柱客户。

二、普单——谈判周期为 2~3 个月

60% 的订单处于这个谈判周期。如果我们对所有订单做一个统计会发现，最常见的订单周期，从接洽到确定订单大概有 2~3 个月，如果在第 3 个月和客户还无法建立起信任，客户迟迟不回复邮件，对价格等没有强烈的反应，没有任何实质性的谈判内容，也许客户已经在和其他的供应商联系了，我们丧失了一次机会。如何从周期和时间上把握住机会呢？我们就设定 3 个月时间来看看

各个时间段里应该做好哪些工作。

第一个月，应该确定款号、报价、样品、认证等能够判断出客户真实想法的谈判内容。这个月是最关键的1个月，客户会在所有供应商里进行筛选，业务员除了能够和客户保持必要的沟通以外，也应该适当地向客户展示公司的实力。

第二个月，要开始为实际的订单推进做准备，这个阶段除了确认好产品的细节和与客户保持紧密的沟通以外，要学会对客户的回复时间做标记，这样可以更好地掌握客户的谈判进度。此外，也应该适当地提一提交期试探客户，我们可以仔细斟酌一下这个“交期”的目的，客户如果表现出对交期不满，我们就能知道客户已经将我们作为首选了，因为如果他没有明确的意向，是不会有任何的情绪的。

第三个月，要开始对最终价格、付款方式等做谈判，第2个月里我们可以慢慢地试探出客户对于订单的真实意向和对我们的信任程度，以便在最后的价格谈判上我们可以做到胸有成竹。是否做一些优惠处理可以视具体情况而定，关键是让客户觉得省心，心照不宣的默契是最好的状态。

对于普通订单来说，时间跨度并不都是3个月，我们应该以全局的视角对整个谈判周期做预判，将时间分成3个阶段，每个阶段完成相应的谈判。

三、慢单——谈判周期6个月或者更长

慢单的谈判周期也是很多人难以适应的，因为整个谈判的过程一直都是不温不火，我们很难发现客户要下单的迹象。我们先看看为什么会这么慢。

（1）订单金额比较大，客户在银行筹措资金，因为银行一直无法给予肯定的答复，所以客户也无法对订单日期做正面的回复。

（2）客户有进口的真实需求，但初入贸易行业，对于进口的流程，清关、物流等政策无法确定，所以他要学习本国的各项进口法规和政策，寻找进口代理等。

（3）客户比较谨慎，希望通过长期的沟通了解产品以外的事情，沟通的时间越长，客户对公司的认识越清晰，而且可以判断出我们的为人、耐心、专业程度、职业素养等。一旦客户认可了，订单就不远了。

面对谈判周期较长的客户，我们要预判出这次谈判不会有非常清晰的进度条，客户也不会轻易下订单，我们要做的是客户的跟踪，记录好客户每次的疑

问，尽早适应客户的谈判周期，摸清客户的谈判思路，剩下的就是等待。

第二节 不一样的“风筝法则”

会放风筝的人都知道线拽得太紧了就要松一松，但又不能一下全松掉，不然风筝会失控。客户开发和放风筝的思路有些相似，也有些不一样，我们来看看客户开发中的不一样的“风筝法则”。

一、建立基本信任前，给予客户空间和信心

有些人开发客户会摆事实讲道理、中规中矩的，在某些问题的谈判上通常得理不饶人，一旦客户有一些较为过分的要求就当面否定，认为坚持了自己的想法，客户会知难而退。道理我们是要讲，但是要分时候，在无法确定客户已经对我们有足够的信任以前，面对尖锐和敏感的问题可以做一下缓冲，不要让谈判的局面陷入紧绷的状态。试想两个素未相识的人，一见面就给人难以接近的印象，会导致什么后果。客户也一样，在面对我们的据理力争时，他会选择退避三舍。

比如客户说道：“Chris, please provide us some free spare parts along with the final order.(在最终订单中给我们一些免费的配件)”，如果我按照公司的规定正面拒绝了客户的要求，客户大概率就没有回复了，原因是风筝的线拽得太紧了。在业务谈判的初期一定要给客户更多的空间和信心，哪怕当前的问题我们无法给出正面答复，也要采取迂回的方式。比如这个时候告诉客户，“在最终的订单中会尽量争取一些配件”，效果远比直接回绝好很多，最关键的是不会让谈判在一开始就陷入僵局。

这个方法同样适用于客户提出样品要求、认证要求、报价单等初期容易导致谈判困境的问题，给客户更为宽松的空间，让他知道和他进行谈判的人是一个好说话的人，会更容易建立起谈判的信心从而打好谈判的基础。

二、客户傲慢无礼时，让客户明白尊重是谈判的基础

前期的谈判中如果太过纵容客户，会让客户有一种高高在上的感觉，谈判

的措辞和气场会发生变化。当我们意识到这个趋势的时候，应该适当地给予他一种提醒，表达方式不用太直接，这个提醒可以是在某个问题上的冷静、周全的分析，可以是一封态度诚恳、有理有据的邮件，也可以是一封不带任何个人情感的邮件，让客户意识到自己不恰当的态度和做法。这个时候就是在收紧风筝的线，让它重新回归正确的轨道。什么时候我们可以拽一下这个线而不影响谈判呢？

我们来看看一个普遍的现象，客户确认订单以后，领导、老板、工厂等在准备订单安排生产的时候总会出现一些和前期谈好的要求不一致的地方，需要修改包装、修改设计、修改颜色，甚至是修改原材料等，完全违背前期的要求和协议。原因是他们选择在这个时候拽紧这根线，因为他们认为订单都已经确认了，预付款已经下了，剩下的生产得听我的了。这其实是非常不负责任的做法，很有可能会失去这个客户，同时，这也从另一个方面反映出他们毫无信心。对于在业务开发第一线和客户直接打交道的我们来说，随着业务开发的不断推进，我们是可以预判和感觉出客户的意向和黏度的，要学会用不经意的方式试探客户感兴趣的程度，做好预判以后，我们也应该适当地拽紧这根线，目的是让客户黏度更高，为自己在后期争取更好的条件做准备。

再做一个深度比喻：谈判初期我们打开门做生意，客户只是驻足在门外观看，并没有表现出足够的兴趣和意向，这个时候我们的重心是把客户“请”进门。客户进门，有一定的采购意向和需求以后，我们就应该用自己的专业和耐心让彼此互相尊重。

第三节 谈判的节奏

谈判的节奏很重要，有些人无法掌握谈判的节奏，认为开发所有客户的节奏都是一样的，按部就班的报价、询盘、还盘，一旦客户在某一个环节集中发问，就无法招架；又或者明明前期的跟踪节奏都很准确，突然就进入了真空期，就无所适从。谈判节奏的关键词是适应，而我们可以在谈判过程中通过一些征兆来预判接下来的节奏和走势。

一、谈判初期以慢节奏为主

对于绝大多数客户来说，开发的最初阶段都是以观察和了解为主的，所以这个阶段的主节奏是慢，它要求我们用最大的耐心、包容心去面对客户的各种猜测、不信任、试探。在这段时间里，客户对产品、竞争者、行业没有大致的认识，我们加快节奏也毫无意义，所以应当给客户更多的对比供应商的时间，我们伺机而动，一击即中。

除了前期的接洽，另外一个需要放缓节奏的情况是双方基本确定合作关系以后客户仍然选择在部分问题上咄咄逼人、不给任何谈判的余地。比如前期双方已经就价格问题做好了确认，我们也给出最好的价格了，到最后下订单的时候，客户想通过各种方式在价格上索取一些优惠，甚至不惜拿更换供应商来做要挟，这个时候我们不要直接回绝客户，将跟踪的节奏降下来，客户在等待该来而迟迟不来的邮件时，他也会做一些思考，这个思考对于双方重新回到正确的谈判节奏是非常关键的，这就是博弈。

二、何时加快节奏推进订单

◎客户收到样品以后

样品是双方开始建立初步信任的信号，一旦客户收到样品以后仍然保持较为紧密的邮件沟通，我们要意识到样品已经被客户认可，接下来应该加快节奏了解客户的真实担忧了。他是不是在犹豫颜色、质量、价格、交期、销售代理？这个时候加快节奏是向客户传达一个信号，首先，我已经知道产品受到他的认可了，对于这种认可我们非常高兴；其次既然受到认可了，我们就抛开之前的试探和不信任，开诚布公地谈谈他的担忧吧。能熟练地掌握开发的节奏，其实是一种有灵性的表现，在合适的时候做最合适的事情，也是自身竞争力的体现。

◎长时间无回复，客户突然询价

股市有中一种说法——横久必跌，横指的是K线图是一条横线，股票一旦持续较长时间没有较大的涨跌幅，它的下一次变化很大可能是跌，原因是上涨需要资金推动，而下跌不需要成交量，没有接盘自然会下跌。无论上涨还是下跌它们有一个共同点是在横盘一段时间后，必然会出现拐点和变化。这和客户谈判的节奏很相似，如果前期的谈判一直很顺利，双方进入了谈判的真空期，客户在这段时间内不是很活跃，谈判的节奏缓慢，甚至无回复，一旦客户重新进行询价，这个节奏就必定有变化，而这个变化不同于股市下跌的走势，它是更积极的变化，谈判很可能会进入实质的谈判谈价格、交期、售后等。为什么会有这种变化，在和客户沟通以后，我总结出来有这些原因：

- 客户消失的一段时间可能是去解决资金问题了。
- 客户在几个供应商之间做选择，和其他供应商谈判后，觉得还是我们最合适。
- 解决其他与进口流程、资质等相关的问题。
- 本国的仓储问题。
- 做产品 LOGO 或是包装设计。

在解决了这些问题以后，客户会直接进入订单环节，我们应该跳出之前缓慢的节奏，有意识地让自己兴奋起来，加快谈判的节奏，去积极面对客户的订单，预判他所关心和顾虑的问题，这样才能够稳稳地拿下这笔订单。

◎ 处理客户投诉和质量问题

在面对客户投诉，特别是质量问题时，我们应该迅速地做出反应，调查事情的真相，及时给客户答复。节奏的加快对于客户的维护来说很最关键的。

第四节 如何转变节奏

意识到谈判的节奏后，有人会有疑问——知道节奏需要转变，但就是没有好的方法，一旦方法不当，唐突的节奏转变反而让客户觉得非常不舒服，适得其反。节奏的转变关键在于细节和心理，我们来看看有哪些转变节奏的方法。

一、时间和时差

我们都知道邮件的来往有时差，时差对谈判不利，因为很多事情我们无法在第一时间得到客户的确认，这是一个既定的事实，我们无法改变，我们需要做的是多去想想如何利用时差转变谈判的节奏。当我们和客户有一定的沟通以后，或多或少会对客户回复邮件的时间点有印象。我们就以美国客户为例，很多美国客户回复邮件的时间是在我们的晚上（也有越来越多的美国客户选择和我们同步时差），可能前几次沟通时，我们对客户回复邮件的时间点无法掌握，此时，我们应该找到他发邮件最多的时间点，并记住这个时间点，因为它很可能是客户多年的一个习惯：在这个时间点打开邮箱查看未解决的事项。掌握这个时间点以后，我们也尽量固定一个回复时间，比如我们的早九点、早十点等。它的作用在于如果没有意外的情况，我们的邮件出现在客户邮箱的前后位置每天是基本相同的，让客户记住这个相同的位置或者记住我们发送邮件的常用时间，形成思维定式。

记住以后，改变谈判节奏的方式就很简单了，如果想加快节奏，我们可以主动打破这个规律和时间点，让我们的邮件出现在客户“未读邮件”中靠近上面的位置。当客户看到了这封突如其来的反常规时间点的邮件以后自然会优先阅读这封邮件，也会思考是什么事情导致这封邮件早到了，即使邮件的内容并没有太明显的催促和加快节奏的用语，也足以起到提醒作用。这个方法相对内敛，但对节奏的转变非常有效，因为客户注意到了。节奏是有带动性的，一旦我们的节奏加快起来，客户会有明显的感觉，也会在不知不觉中加快节奏。

反过来如果想主动地将节奏缓下来，可以在该出现未读邮件的地方不出现，客户和我们一样习惯了在某个时间点查看邮件，这个时候他会想想是什么原因让这封邮件没有出现。放缓节奏，在谈判的紧要关头可以让彼此冷静下来，想想接下来的谈判该如何进行。

二、跟踪频率

除了改变时间以外，另外一个改变节奏的方法是改变跟踪的频率。和改变时间的方法有点类似，简单来讲是每天和客户的来往邮件保持一定的量，比如较为常见的是每天一封，这封邮件里包含对客户疑问的解答或者我们的要求和建议。要加快节奏就适当地将跟踪邮件的数量增加，从一封增加到两封，客户看到邮件的数量增加，下意识地会提高对邮件的重视程度，一旦重视起来，节奏明显加快。通常，我们只需要在某一天增加邮件的数量就可以带动谈判的节奏，之后的跟踪回到常规即可。

三、邮件标题的提示

邮件标题除了在写开发信的时候有非常重要的作用以外，在改变谈判节奏上也同样有效，每个人都会碰到客户发来的 Urgent/Important 等类似的有醒目标题的邮件，通常它们代表着有紧急的情况需要立即处理。回想一下我们遇到这种情况的第一反应——全神贯注地查看邮件，自身的警觉感和兴奋感无限提升。反过来我们也可以借助标题带动客户。

◎切换谈判内容的标题，改变节奏

我们要为每一个谈判内容设定标题，在接洽的初期，谈判内容的标题可能是以 Enquiry、Sample、Freight Charge、Testing Report、Logo 等为主，一个标题代表一个阶段，某一个阶段的谈判时间很长时，切换到另外一个谈判内容和话题以后，节奏就会发生转变，不断地转变谈判内容就是不断地变换节奏，最为明显的是到了后期的 Price、Payment、Proforma Invoice 之类的标题时，客户会非常清晰地感受到谈判的节奏，甚至是快节奏带来的压力。所以清晰的标题设置除了让我们自己分清楚谈判到了哪一个阶段以外，还可以提示客户我们该步入下一个谈判阶段了。

◎ 标题前的修饰词

在标题前加上 About, Resend, Negotiate 等字样，最好能结合具体问题设置，让客户明显感觉需要注意这个问题，就能起到改变节奏的作用。

四、电话

在和客户保持稳定沟通的情况下，可以考虑采用电话沟通的方式改变节奏。首先邮件形式的谈判是双方默认的最方便的沟通方式，一旦转变成电话沟通，客户会马上意识到节奏加快，因为他知道我们的心理，如果是普通的事大可以用常规邮件来沟通。电话沟通的内容并不一定要非常有目的性，哪怕是和客户做一个简单的寒暄，或者是通过电话沟通做一个公司的介绍，加快节奏的效果就可以达到，客户在接下来的谈判中会主动加快节奏。但是这个方法只适用于前期有稳定的沟通基础和沟通方式的情况下，无论是邮件还是在线，双方应该就某些问题已经达成一致，但因为客户的原因导致节奏迟迟跟不上。此时，我们可以用电话联系增加客户的信心，它所带来的信心远远比文字强，信心增加，节奏必然加快。

在谈判中加快节奏的情况比较多，因为我们遇到的更多的问题是客户节奏放缓、客户不回复等，我们必须在前期一步一步地做好运营，在客户犹豫和迟疑之前，利用时间差、标题切换等方式改变谈判的节奏，做好节奏的掌控和转变。

第五节 值得谈判的问题

谈判过程中会遇到各种各样的问题，但并不是所有问题都会触及双方的底线或者原则，我们要学会在关键的问题上进行谈判，而在其他问题上尽量满足客户，这样做的目的是让客户很清晰地知道谈判的核心内容，知道我们做人做事的底线，谈判的效率会无限提升。相反，如果所有的问题都去谈判、斤斤计较，这不是在谈生意。什么问题值得谈判？

一、涉及利益的问题

完成订单建立在双方互相认可和尊重的基础上，脱离了这两点，就需要借助谈判去交换彼此的真实想法。比如产品的报价是10美元，这个报价是我们反复确认，保留自己微薄的利润以后核算出来的，但是客户不由分说地直接将价格砍成5美元，带有不尊重的意味，谈判就显得非常重要了。也许有些国家（印度、孟加拉国、毛里求斯等）对于价格的谈判风格就是“见面砍一半”，但并不是每个公司的报价里都含有大量水分的，在中国市场上大部分卖家的报价都是经过深思熟虑的，砍一半的价格，可能连原料钱都不够。这个时候我们必须借助谈判告诉客户这个价格不合理，最主要的是让他知道我们的价格并没有水分。

同样，很多人会遇到付款方式的问题，客户会选择对他有利的方式，甚至很多客户希望货到付款，但这对于大部分传统出口企业来说是不能接受的，哪怕不考虑货到以后客户不付款的风险，从生产端考虑，生产需要原材料、包装材料等，资金压力是出口企业无法承受的。所以，在这些无法妥协的问题上，我们要懂得去谈判，更重要的是让客户站在我们的角度思考问题。

二、客户无法理解，但有利于客户的问题

我们经常会遇到的一种情况是，从客户的角度去帮他规避风险、节约成本，但是客户不理解，这个时候我们也应该站出来和客户谈判，目的是让客户意识到问题的重要性，并说服客户采纳自己的意见，当货到以后，客户自然会明白我们谈判的初衷。

色号一直是设计中非常重要的一个环节，也是西方客户非常重视的问题，在选择产品或者包装色号的时候，他们会多方面考虑产品自身的属性、消费者的观感、广告效应、设计等。这些考虑都是没错的，但他们唯独忽视了色号在产品上的调色和显示的实际效果。我记得有个美国客户在产品和包装上选择的主色号是一个非常罕见的颜色，他想突出产品清新、干净、健康的主题，但是他并没有考虑到产品自身的材质，所以没有想到印刷以后的效果可能会很暗淡和生硬。我在第一时间就做了说明，并给了一个建议的色号，他直接拒绝了，因为他的设计师无法再对颜色做更改。几番谈判下来无果，我们选择打样给他看，拿到样品后，第一时间他就意识到这个颜色不符合产品的气质，我们给的色号更好，问题得以解决，信任感由此增加。

同样，在包装问题、货代问题、清关问题上我们也应该站在客观的立场和客户谈判，让他知道我们的初衷是好的。

三、和他人做比较的问题

客户将我们的价格和其他供应商的价格做比较是一种常见的谈判手法，因为选择权在他手里，他有更多的价格信息，这个谈判是避免不了的，但是谈判的时候我们应该意识到两点：一是没有哪个客户只在乎价格，低价永远不是完成订单的最关键因素；二是自信心很重要，把客户抓得越紧，反倒会丢失得越快，在这个时候给客户更多的选择空间效果会更好。言外之意，这个时候我们扛住了，就能让谈判回归到产品上来，若不自信了，客户会对价格产生怀疑。

四、比较强势的客户或者强势的问题

谈判过程中肯定会遇到非常强势的客户或者强势的问题，这些强势表现在客户说一不二,一旦某个问题或者环节我们没有处理好，他就会言辞激烈或者干脆不回复，这类客户非常让人头疼，很多人招架不住，只有选择逆来顺受。

这个时候我们应该用谈判让客户冷静，首先我们要找到强势客户的突破点：通常来说强势的客户头脑比较清晰、讲道理、讲证据、讲实际。面对这样的客户我们最容易获得谈判成功的方法是在他认为自信满满的事情上给他一个小小的“打击”：做一个完整、准确、详细的分析，最好能够想好客户会怎么回复，并做好相应的处理。我们有理了，客户自然会选择接受，不会继续用强势的姿态和我们做沟通，他之所以有强势的资本大多数时候并不是因为他有决定权，而是因为他自认为有足够清晰和准确的认知和理解，一旦这些认知动摇，被否定，客户就会趋于冷静，订单就不远了。

第六节 谈判的目的

很多人对于谈判目的的认识是不服输，认为某些事情上客户太过分了，不能忍，要让客户知道生意不是这么做的，或者是让客户知道我已经费尽心思给他提供最好的条件了，他应该退让。但是，谈判的最终目的是它吗？

一、将不确认的、模棱两可的事情清晰化

谈判过程中很多问题的表达是隐喻的，双方的国情和商务风格不一样，在面对同样的问题时产生分歧在所难免，但是我们必须有能力发现这些隐喻的分歧，把问题说透，最后达成一致。比如佣金的问题，对于有些国家的客户，佣金是完成订单的必要条件，但是有些国家的客户是按合同办事。此外，佣金的表现形式、支付方式等也没有定论，这个时候就需要和客户就佣金问题以及怎么支付、怎么显示等做好确认。

二、在双方共赢的基础上，争取更加有利的条件

谈判总会陷入僵局，原因是谈判的基础是双方共赢，所以任何追求单方面的利益的行为都会造成谈判受阻。作为卖方来说，希望产品卖个好价钱，款能早早付清；而买方关心的是同等价格水平能否买到最适合的产品，产品在当地市场是否能受到消费者的认可，货能否赶在某个时期前到，售后是否能履行承诺等。所以双方在很多方面的想法是相悖的，而谈判就是让这些相悖的诉求最终协调一致，让双方都能放下芥蒂，合作共赢。放下个人的想法，回归合作的关键因素是双方建立足够的信任。信任建立起来了，对于卖方来说，回款和价格会成为次要问题，当务之急是做好服务。同样，对于买方来说，信任会帮助他们克服一切阻力。

在共赢的基础上，卖方可以在预付比例，或者回款时间上进行斡旋，争取更有利于己方的付款条件，而买方可以在交期、样品、货代等方面提出要求，以满足自身时间、质量、产品等各个方面的要求。

三、完成订单

谈判中无论怎么面红耳赤、互不妥协，最后，双方还是会忘记不愉快，回到订单的推进和完成上。在这个过程中外贸人的包容心、毅力、胸怀都得到了极大的锻炼。很多人对于谈判的目的是完成订单理解还不够深刻，表现在对产品或技术极度自信，对客户的想法和意见坚决不认同并产生争执，做了最大努力和付出却因为公司不支持导致对客户有抵触情绪，甚至迁怒于客户等，不自觉地将个人感情掺杂到谈判中，这是非常不成熟的。要知道良好的感情投入是完成订单的基础，因为那是真诚的最好体现，但受挫以后的感情表达只会彻底打消客户对我们原有的好感，导致后期订单丢失，这是非常不可取的。

不要被情绪左右了谈判，要时刻意识到谈判的目的是为了拿下最终的订单，把其他的干扰因素都放在一边，是可以想出解决办法让客户满意的。

◎ 尽显人格魅力，加深信任

如果说谈判只是为了让最终的订单金额更好看一些，那这件事情就显得太过枯燥和死板了。在谈判中加入一些个人的色彩，比如加入幽默感，除了能加深客户的信任以外，还能起到很好的调剂作用，让谈判更有生命力。

幽默感我认为是将个人魅力发挥到极致的一种艺术。经常跟老外有直接接触的人能深刻理解那种令人折服的个人素养。幽默可以缓解尴尬，可以调节气氛，让人心情愉悦；幽默可以让人显得很俏皮，且不会显得无礼或冒犯人。外国人对中国人的普遍印象是埋头苦干，像紧绷着的弦一样，他们想释放一些幽默也会思考再三。如果我们能表现出不一样的状态和幽默感，是会最大限度地吸引客户的。

除此以外，专业的素养、诚信、守时都是人格魅力的表现，在谈判过程中适时地表现出这些人格魅力，会更容易让客户加深对我们的信任。

第七节 强势与弱势的谈判风格

客户谈判中应该强势还是弱势一直是困扰许多人的问题，有人认为强势一点好，他不喜欢求人的感觉，也有人认为弱势一点好，哪怕客户做法过分，终归可以保留一个机会。看起来都有一些道理，但都不可取，我们来详细分析一下谈判中的强势与弱势。

一、强势谈判风格形成的原因

◎产品受欢迎，优越感增加

中国外贸行业最辉煌的时期，很多人在客户谈判中的风格是偏强势的，因为产品性价比和客户的追捧让卖家有优越感，认为客户逃不掉，有好的产品就不愁卖，所以在谈判过程中或多或少会带有强硬的态度。哪怕是现在一些拥有热门产品的人，仍然会有选择地在谈判中保持强势，说一不二，态度较为冷漠。但是此一时，彼一时，没有哪一个产品永远是“香饽饽”，一时的辉煌只能说明产品赶上了好时机，等到市场逐渐趋于平稳或是竞争者加入，这些优越感会瞬间荡然无存。此时，有的人开始埋怨行情不好，市场遇冷，其实是选择多了，客户转向合作起来更舒服的供应商而已，毕竟强势的谈判风格会给人一种难以接近的感觉，这和谈判的目的——拉近彼此的关系，消除芥蒂和隔阂是冲突的。如果将这种强势的谈判风格带入当今的客户开发中非常危险，今天的外贸早已不是卖方市场，绝大多数产品除了在国内有众多竞品以外，印度、孟加拉国、越南这些国家制造的同类产品，也成为客户的选项，所以强势的风格慢慢地会让客户对我们避而远之。

二、将强势个性掺杂到与客户的谈判中

我是鼓励展现个性的，千篇一律的谈判风格会让客户感到枯燥和厌烦，但是在谈判中，个性强势不是一件好事。强势的人对所有人的要求都比较高，包括自己，这个高标准容易吸引到客户，因为高标准能够让客户感到放心。但是强势的人在高标准的要求下也相对地期望高回报，这就是问题所在，如果付出能够获得相应的支持和回报，整个谈判顺风顺水，皆大欢喜，一旦自己的付出和努力得不到相应的回报，心态容易失衡，甚至会做出一些无法挽回的事情。除了高标准以外，这类人做事会更认真，更容易投入个人感情。但是谈判要取得实质性的结果是需要冷静的，情绪只会让谈判陷入僵局。

Lucy 是一个很聪明的外贸人，但同时也是一个非常有个性的人，做事风风火火，说一不二，典型的强势作风，她通过开发信开发了一个新加坡客户，双方联系了三个多月，价格、样品、交货期、售后每个环节都谈过了，特别是在价格方面，为了拿下这个客户，她向公司保证如果多给 500 美元的折扣，这个客户马上就会下单，因为产品利润可观，再加上公司也想在东南亚市场有所突破，所以答应了这个优惠的请求，可是当她充满期待地告诉客户可以优惠 500 美元的消息以后，客户并没有答应下订单，而是回答：“I will consider about it(我会考虑一下)”。Lucy 认为她已经做了很大的让步，为客户申请了一个最好的优惠，她非常不理解客户为什么还在犹豫，于是非常直接并带着质问的语气问客户：“why?”这个回复以后客户再也没有下文了，事后众人看到的是 Lucy 的歇斯底里，不久她就主动申请离开公司了。将个人情感加入谈判中，一旦情绪驾驭了理智，自己说什么都无法控制了，这个 why 是很容易让客户反感的，除了因为它是一种非常不礼貌的质问以外，我们也应该明白客户才是最后做决定的人，他可以选择接受和拒绝，个性再强势也无济于事。

三、主观意愿太强，也是强势风格

除了这种“用情过深”导致强势的谈判风格以外，还有一种强势做法——喜欢在很多事情上纠正客户，一定要按照自己的方式进行，这是非常不明智

的。如果事情最终是让客户受益，我们坚持意见，说服客户是可以理解的，但是有些事情大可以给客户更多的选择。比如在款式的选择上，客户选择了B款式，我们出于个人喜好和某些不太重要的原因一定要推荐A款，这个时候就是在人为干预客户的选择；又比如在付款方式上，本可以让客户选择尾款见提单复印件付款，但我们坚持全款发货；又比如在颜色的搭配上，人为去干预客户让其用认为更好看的颜色等。要知道把自己的主观意见强加在客户身上是非常不明智的，轻则让客户感觉到不受尊重，重则让客户认为难以合作。客户是有选择权的，我们在大多数时候只是起推荐作用，而不是决定作用。我们用买家的思维反过来想想，如果我们进入一家店，导购人员在旁边一直做推荐，哪怕我们已经明确地表达了自己的偏好，他们还是坚持认为他喜欢的产品或颜色更好，这个时候多数人是有抵触的，毕竟我们才是做决定的。

四、弱势谈判风格的形成原因

◎客户过于强势

强势与弱势是此消彼长的，客户方在谈判中一直步步紧逼，不愿意做出任何让步就会让我们不知所措，选择顺从、妥协和退让。原因是如果我们不听从客户的安排，客户会瞬间消失，既然如此，干脆对客户的要求言听计从，至少可以拿下一些订单。这种做法根本就不是谈判，因为双方的气场已经严重失衡，决定权完全在买方，这笔买卖可以看作是一笔失败的买卖，因为没有谈判这笔订单就没有灵魂。弱势谈判归根到底就是我们不愿意把“不”字说出口。弱势的谈判会陷入恶性循环，一旦我们在某个环节无法掌控谈判的局势，选择了忍让，很有可能就此一忍到底，因为我们潜意识里会提醒自己，既然之前都妥协了，都已经到这个地步了，为什么不能再退让一步呢？这是大错特错的。它除了让客户变得更加锱铢必较以外，更会让客户对我们的产品丧失信心，他会想“难道这个产品价格水分这么大吗？”在一个成熟的买手面前，他更欣赏的是步步为营、有策略、有头脑的供应商。

◎自己不愿意承担风险

对于谈判来说，其最差的结果就是谈不拢，双方一拍两散。自身的业绩指标压力和来自身边同事的无形压力会干扰一些人的心态，促使他们主动去求客户给订单，这其中一个很重要的原因是他不愿意承担丢失订单所带来的风险，没有强大的内心去面对失单的结果，心态的磨炼还不够。拥有成熟心态的业务员会认为丢失订单根本不可怕，他可以勇敢地面对失单，对每一个失单的原因做总结，争取下一次成功。最可怕的是业务员在谈判中丧失自我，丧失信心，丧失谈判的资格，好比战场上的士兵，还没有开战心里就已经觉得战败了，殊不知“背水一战”才是突破的有效方法。

五、均势才是最好的

最理想的谈判风格是相互尊重，形成一种谈判的“均势”，这个均势允许双方在某些问题上都有一些话语权，卖方可以将优势放在产品上，而买方可以将优势放在要求上，双方互相制约又互相敦促，整个谈判氛围非常活跃。要做到这样对我们的要求很高，能够抓住客户的点，也能够看清楚自己的优势。

高手过招，点到为止，在谈判的所有问题的处理上都不能太过，要在可以强势的时候给客户留有一些空间甚至是台阶，又可以在弱势的时候仍然信心满满，不卑不亢，只有这样才能达成均势。

第八节 如何在谈判中掌握主动权

谈判是一件非常有挑战的事，谈判双方时刻在博弈，大脑时刻在思考，在准备语言。一个善于谈判的人总能够找到谈判的切入口，找到对方的软肋，牢牢掌握主动权，从而为自己争取更好的条件和利益。在买卖双方的斡旋中，买方是有绝对的主动权的，但是再强大的买家也会有突破口，我们看看在谈判过程中如何掌握主动权。

一、磨炼自己的气场

气场是一个捉摸不透的东西，因为它无法用言语来形容，但是将两个人放在一起，明显就能感觉出气场的不同。

外贸人有属于外贸人自己的气场，因为我们每天面对的是各个国家素质较高的一批人，接触的都是与各国客户相关的礼仪、商务、文化，吸收下来人的心境和见解会完全不一样，散发出来的气场也会截然不同。而这种气场就是自信、坦然、成熟。在这些综合素质的基础上，若我们还有着关于产品、价格、技术相关的专业知识，掌握谈判的主动权就不是一件难事了。

除了沉淀的气场以外，我们还要学会弥补自己的气场弱势，虽然生意都是坐下来谈的，但是总免不了要带客户去车间转转，边走边谈。欧美的客户通常有身高优势，从人的本能反应上来说，视线平视和仰视给自己和客户心理上的感觉是截然不同的，在行走的过程中谈判，气场强的自然更主动，所以有身高差时我们有必要做一些调整或者说是弥补，其实这也是一种专业的表现。就拿我自己来说，大部分时候我的身高是没有劣势的，但也会碰到 190cm 以上的欧美或者黑人客户，怎么办，我采取的方法是和他们保持 2 个身位的距离，这个时候仰视渐渐变成平视，气场会好很多，而他们的强气场会弱下来。

除了面对面的气场以外，邮件本身也是可以展现个人气场的，邮件的气场通常是由邮件写法、用词、语气、符号等传达出来，一个气场强大的人，在用词方面会更为精准和肯定，不模棱两可；处理问题也更果敢，条理更清晰。所以邮件写作也是磨炼气场的一个很好的方法。气场是卖方能够获得主动权的一个心态上的保证，它是“不言而喻”的，而这种不言而喻是让客户愿意冷静下来做谈判的基础。

二、比客户更专业

专业是掌握谈判主动权的另外一个重要因素，在双方谈判的过程中只有展现出我们的专业才能让客户对我们产生信赖。

客户掌握的是价格、市场、终端客户的消费偏好等信息，但是对于我们产品的生产制造、物料、生产成本、周期、包装、售后处理等各个环节是不可能做到足够了解的，所以在谈判过程中遇到产品的问题时就是我们可以掌握主动权的时机。我们再仔细地想一想，其实很多问题都可以从产品方向去变被动为主动。

- 价格问题：一分价钱一分货是我们每个人都懂的道理，客户也懂，所以在价格谈判的时候不妨从产品的新旧工艺对比、新旧物料对比、新旧性能对比、新旧功能对比来解释价格的问题，让客户知道每一分钱都花在了哪些地方，只要这些解释合理，客户大多会选择接受，因为这些问题我们最专业。

- 交期问题：所有与交期无法按时完成相关的问题无非来自以下几点：收款、原材料备货、设计、排单、其他不可抗力等。排除掉客户方的原因，剩下的基本上可以总结为成本控制和质量保证这两个方面。基于当前的经济形势，成本控制并不是需要遮遮掩掩的事情，所以，在谈判过程中，大可以直接向客户就成本的构成做更多的解释，说服力更强。而质量保证方面又可以和产品本身相结合去做说明。

所以，产品信息是我们比客户更专业的最根本的内容，脱离了产品，谈判就很难把握主动权。

第九节 谈判前的准备

谈判是一件需要精神高度集中的事情，一旦开始谈判，特别是深入谈判，就会完全进入谈判的节奏，正所谓“台上一分钟，台下十年功”，它要求我们将所有的知识沉淀整合、融会贯通，并能够用最通俗和简单的语言和客户就其最关心的问题进行探讨，这就意味着一旦进入谈判，我们不能有丝毫松懈。所以它要求我们在每次谈判以前都做好万全的准备，准备越充分，拿下订单的几率就越大。我们来看看该做好哪些准备。

一、客户所在国家市场行情

我相信很多新人在就客户的问题去问老手、领导、上级的时候总会被反问一句：“哪个国家的客户？”这是有原因的，不同国家的客户谈判的风格、价格接受度、谈判节奏等是不一样的，所以提前弄清楚客户国家市场是非常有必要的。我们知道客户的谈判习惯是“欲扬先抑”或是“欲抑先扬”以后会更加懂得什么时候可以给客户缓和的空间，什么时候可以施加一点压力。知道客户对于价格和质量的要求，可以相应推荐更为合适的款式，要知道并不是所有国家的客户都需要高品质的产品，也许他们仅仅要满足基本需求。我们了解和经历的越多，对于谈判越有利。

二、产品成本、利润、数量、价格

产品的生产成本、报价所含的利润，以及梯度报价我们也需要了然于胸。客户的要求我们并不能够全部提前想到，很多情况下在谈判过程中他们会突然提一个非常规的想法，而这个非常规的想法恰好是他们看中我们的产品的原因，而这些非常规的想法往往会造成无法准确核价，那么我们对价格利润比了解得越透彻，给客户的反馈就越及时、越有效。当然有很多公司在价格方面是保密的，会有报价员做专门的报价处理，但是我们总会有办法去了解产品的实际价格和实际利润的。

三、产品报价单

无论是线上报价还是线下面对面的报价，一份完整的报价单是不能少的。报价单是客户了解公司的一个重要渠道，所以报价单的设计和排版是客户衡量公司实力，甚至是联想产品价格水平的一个因素。设计有美感，看起来层次清晰的报价单给客户的感觉会更舒服，这种舒服感是一场完美谈判的基础。除此以外，最重要的当然是报价单可以贯穿整个谈判。从单品价格到所有与产品有关的内容，部分客户会在报价单上做好标记，这对于捕捉客户的兴趣和偏好是有帮助的。最后谈判进入僵持阶段，报价单是双方缓解尴尬的一个台阶，客户将谈判内容或视线放回到报价单缓解尴尬的局面，相当于我们制造了一个台阶给客户下。虽然进入谈判我们就没有退路了，但是我们要学会给客户制造退路。

四、产品的特殊要求及价格

在开发过程中，我们或多或少地会遇到客户对产品有特殊要求，如对材质、设计、包装、Logo 等有要求，我们遇到这些特殊的要求要进行整理，同时试着去按照客户的特殊要求进行报价，可能这个特殊的要求费时费力，最后报价还不被客户接受，但是一旦有一个客户提出要求了，就可能有千万个客户有相同的需求。重视这些特殊要求，在谈判前做好准备，如果其他客户在谈判中提出了相同或者类似的问题，我们正好可以派上用场，自己的优势得到完美的体现。

五、客户公司的概况

在谈判前，我们可以对客户公司的主页、产品、主打产品的价格区间、客户类别、进口周期等有一个大致的了解，每一个信息都是我们取得谈判主动权的关键。

六、预设谈判底线

既然是谈判，最后双方需要达成一致，所以谈判开始以前，在对客户做充分的了解以后要设定一个谈判的底线，最低价设置多少，最小起订量设置多少，交期最快给到多少，预付款比例最低能给到多少。一系列的预设以后，哪怕在实际的谈判中出现意外情况调整起来也会更加快速。除此以外，在心里预设了这些谈判的底线以后会就谈判过程中可能遇到的问题在大脑里做一遍预演，特别是在面对面的谈判中，这对于谈判节奏和内容的掌握是非常重要的。

第十节 如何打破谈判的僵局

谈判总会遇到僵持不下的情况，特别是面对一些固执的客户时，他们心里永远有自己的标准，一旦我们无法达到他的要求谈判就变得举步维艰。在上一小节我有提到报价单可以给客户台阶下，情商比较高的客户会理解我们的深刻用意，但是有些客户在乎的不是台阶，而是实实在在的利益，这个时候又该如何打破僵局呢?

一、备选方案（Plan B）

谈判除了要提前准备以外，合理的备选方案也是非常重要的，一个成熟的外贸人心中都有备选方案（Plan B），这是在长期的谈判中养成的习惯，因为它可以在谈判出现僵局的时候打破沉默。这个备选的方案大多数是在原来的方案上做一些调整以适应各国客户的不同需求，毕竟每个客户所面对的消费者不同，对于包装、功能、价格等的要求都不一样，如果客户对于原来的价格方案等不是特别满意，我们可以相应地给出一个让他产生兴趣的方案，可能是换个包装、换个配件、换个付款方式等。这是成熟的外贸人必备的一项素质，除了备选方案的有效性以外，它也会让客户看到我们的用心和诚意，更重要的是我们率先打破了僵局，这是一种能力，也是一种智慧。

二、跟踪（Following）

谈判并不一定会有结果，一次谈判或许只是解决某一个困扰双方很久的问题，比方说指定货代的问题、独家代理的问题等，没有结果并不代表谈判就此终止，双方一拍两散。它仍然有回旋的空间，这个空间需要我们去争取，最好的方式是跟踪。在跟踪的过程中我们会了解到客户更多的担忧，会意识到为什么上次的谈判会陷入僵局，会更多地站在客户的角度去思考问题，跟踪多了，双方的真实想法清晰了，僵局也就不攻自破了。

三、时间（Time）

谈判中有一些问题是没有办法立刻解决的，它需要给双方足够的时间去思考、对比、决定。所以我们应该学会让时间来打破谈判的僵局。比如很多客户在最初的谈判时对我们产品的各个方面都持怀疑态度，因为他们没有和其他的供应商做深入的沟通。我们有先入为主的优势，但也有客户不信任的劣势，他希望得到更多供应商的信息做对比，我们应该在谈判的过程中对客户的想法有所认知，给客户更多的空间和时间去收集信息，我们保持跟踪，客户必定会重新回到谈判中来。另外一种情况是谈判中的问题客户无法给出正面的回复，因为他需要去做核实，这个时候我们同样要有耐心，给他足够多的时间，一旦他的准备工作完成，谈判又可以回到正轨。

四、节日问候（Greetings）

谈判是商务行为，是很严肃的，在陷入僵局以后很多人仍然停留在严肃的氛围中，客户选择了沉默，我们也没有办法打破僵局，索性沉默到底。但是我们要意识到客户可以沉默，因为他有很多的选择，而我们选择沉默可能就真的毫无机会了。这个时候不妨主动一点，遇到周末、节假日给客户发一个节日问候，哪怕客户在之前的谈判中不愉快，看到暖心的节日问候也会将不愉快抛之脑后的，因为客户比我们更懂得生活高于工作。

五、“缓兵之计”（“Hold on”）

缓兵之计是为了让双方一直保持在谈判状态而采取的延缓方法，当我们明知道面对客户提出的要求或者条件，自己接下来的回复会让谈判陷入僵局，我们可以人为地将谈判节奏减缓，一句“hold on”让自己有喘息和确认的时间。客户的要求到底能不能满足，我们到底还有没有利润，我们是否有风险，在这个时间里我们可以请示上级、老板等，让双方气氛不会很尴尬，从而争取更多的机会，不管最后客户欣然接受，谈判顺利进行还是客户断然否定我们的提议，至少我们在此以前已经做了充分的争取了，显得我们很有诚意。

第十一节
跟踪客户的七次定律

跟踪是客户开发不可或缺的一部分，也是最容易忽视的一部分。跟踪的频率最能反映业务员的灵性，而且跟踪客户占了整个开发过程的一大半，所以在什么时间跟踪客户最能接受，最不会反感，又能恰到好处地提醒客户有这样一个供应商存在是一个非常值得考究的问题。这个问题处理好了会从前期跟踪慢慢地过渡到后期业务的深度谈判，当然如果处理不好就会直接导致客户丢失。

跟踪的内容是最能反映业务员综合素质的，千篇一律的询问客户是否收到邮件最容易让客户产生反感心理，因为冷冰冰的文字很难打动客户。有些人担心客户在产品问题上徘徊不定便将跟踪的内容转向生活上，如果客户是一个愿意分享自己生活的人，这种方法可行，但是碰到客户公私分明就需要将话题集中在工作上了。总而言之，在跟踪的过程中要根据客户的反应和无意间流露出的信号及时做出正确的调整才是最重要的。

好的跟踪方式和对的时间跟踪是能够最大限度争取订单的。我比较重视客户的体验感，所以会尽量克制自己以免打扰到客户，这是我一直以来遵守的跟踪原则。

一、跟踪客户七次定律

客户询价当天回复报价→第二天邮件确认对方是否收到报价（第一次）→

⇧

过三天后跟踪客户，询问对方对于报价是否有什么看法（第二次）→再过五天左右跟踪，对产品特点进行一些简要的描述（第三次）→再过七天跟踪，内容通常为周末祝福（第四次）→再过十五天跟踪，询问客户是否对产品仍然感兴趣（第五次）→再过一个月跟踪，尝试推荐另一款类似的产品（第六次）→再过三个月跟踪，更新报价单（第七次）→后续以新产品推荐或者节日祝福为主。

前提条件是客户在整个跟踪过程中没有任何回复，如果中途有回复了，接下来重新按照第一次跟踪来计算。发跟踪邮件的时候，周二、周三发最容易触发客户采购热情。跟踪的内容可以根据实际情况进行调整。

◎ 跟踪客户表格

对客户进行跟踪以后需要及时地对跟踪结果进行统计和总结，所以我们可以做一个跟踪表格，这个表格里将客户来源、客户国家、需求产品、客户邮箱、每次跟踪的日期和反馈，做一个简短的记录。它的意义在于督促自己形成一个良好的跟踪习惯，把控跟踪频率，更重要的是通过它我们可以及时发现在哪个跟踪阶段出现了滞后或者遗漏，以便及时进行再跟进。绝大多数客户都是跟踪来的。

二、跟踪客户的重要性

其实外贸人都应该有一个心理准备——发完开发信，客户很有可能会询价，但我们报价以后他就没下文了。因为从业务开发的角度来看，我们是在将一个陌生的产品推销给客户，客户有 99% 的可能性会选择拒绝，可能因为价格、质量，也可能是因为一份不专业的报价单、邮件，又或者仅仅是因为不愿意更换供应商。不回复其实是一件再正常不过的事情。

客户的选择太多了，信息太多了，他需要花费大量的时间去筛选供应商，与其纠结他为何突然不回复，不如多花心思考虑如何能够在众多的供应商中脱颖而出。据我个人的统计，在我做的所有订单中，除了少部分客户是速单以外（1~2 周），其他八成客户都是后期跟踪来的，可想而知跟踪的重要性。

反过来看，客户在长期的跟踪中对供应商的韧性、毅力有一个全面的考察，这一点在快消品上表现的可能不明显，但是做过耐用品和金额较大的订单的人应该知道，长期的跟踪是谈判的基础，甚至可以说谈判就是由长期的跟踪串联而成的，没有所谓明确的进入谈判的节点。如果客户正好在几个供应商之间做选择，高下立判，因为韧性也是责任心的表现。

三、跟踪客户的频率和技巧案例

跟踪客户很重要，但并不是跟踪的越多越好，很多人对于跟踪的频率存在误解，无法在正确的时间节点做跟踪，效果会打折扣。我们来看几个跟踪的案例。

◎ 案例一

KK：客户的职位是采购经理，目前有长期合作的供应商，价格报给客户了，双方见过面，也给客户送过样品，客户那边还没有回复，也许是在考虑，一般过几天跟进比较合适？我和客户平时在 What sApp 上也时不时聊聊生活，不过没谈到报价，后续跟进是邮件好呢？还是 What sApp 好？还是在 What sApp 上问问他怎么看待我的报价？

答：客户手上有稳定的供应商，如果我们的报价或者提出的条件没能让客户心动，他有可能选择观望，而在跟踪的方式上邮件相比较 What sApp 更正式、更商务。另外 What sApp 的消息一旦发出去客户就必须得回复，而邮件可以给客户更多的思考空间。

◎ 案例二

R：我现在一直在谷歌开发客户，但是我回复客户询盘后就联系不上他们了，我想知道有什么方法可以更好地跟进这些客户？

答：谷歌开发客户的周期比较长，因为他们不像展会或者 B2B 的客户那样有及时的产品需求，这个时候就需要多一点耐心细心跟踪。客户可能有自己的供应商，最好的跟踪方法是在新品上市的时候做一下推荐，同时做好记录，再多去开发其他的客户。

◎ 案例三

Reki: 有个客户说他们公司有自己的网站，在意大利有著名的品牌，但是由于各种原因，自己的办公室不能摆放有 LOGO 的产品，所以想在中国找一个合作伙伴。运输方式和支付方式都谈好了，但是客户要求我时常提供一些现有的列表给他放在网上，如果有客人找他买，他再找我们采购，直接寄给他的客户。公司只有在订单确定以后才能看到价格和库存，所以我只发给客户一些热销款的图片，第二天问客户有没有任何进展，客户没有回复，客户是在决策阶段，还是有其他供应商在谈，或者仅仅是在骗图片？

答：客户收到图片或者样品以后需要一段时间分析和归纳，当然也有可能他是在和其他供应商沟通，这也是很正常的事，我们需要做的是等下周继续跟踪一下，同时多看看客户的网站，看看他卖哪些款式比较多，为以后做好准备。至于骗图片，也不是没有可能，但是我们秉着多一份询价多一个机会的原则还是要相信客户确实有真实需求，毕竟想要骗图片有太多的方法，防不胜防。

四、如何避免无话可说

很多人在跟踪客户的时候遇到的最棘手的问题是跟踪的内容，客户不回复就觉得无话可说，其实谈判是非常考验个人综合素质的，跟踪尤其如此，除了对自己的产品专业以外，还要有丰富的知识储备。

五、知识储备欠缺的原因

（1）在社会阅历和经验还不够多的情况下就走上了做业务的道路，而业务开发本身是一件需要时间和精力的工作，所以并没有多余的时间去系统地获取更多其他行业的知识与信息。

（2）在业务开发过程中客户大多数是有丰富的采购经验和社会经验的人，而且作为买手，情商通常很高，见多识广，所以他们对行业规则有更深的理解。在和这样的人打交道的时候，我们难免会落于下风，相形见绌，知识储备欠缺的劣势也会更加明显。

（3）很多人没有总结的习惯，有些事情看过、笑过后没有留下任何有价值的东西，没有去探究其中的缘由和关联。台上一分钟，台下十年功，没有平时的积累，在关键的时候知识储备就捉襟见肘了。

（4）认识事物、吸收知识是兴趣使然，对兴趣以外的知识没有主动获取的欲望，认为那是一辈子也不会有接触的东西没有必要浪费时间。

六、如何增加知识储备和阅历

我的建议是主动了解或是参与不熟悉的事情，慢慢地我们会发现很多零散的知识点在了解的过程中被整合，这些知识点就好像是无数个杂乱无章的分布在白纸上的点，在自我消化和吸收以后这些点就会串联起来形成一个知识网，有了这个网知识就更系统了。时间久了以后，就会领悟出自己的一套想法。

在基础的知识框架和认知形成以后，我们可以尝试学习更多平时无法涉及的知识，比如说历史、法律、经济、军事等。我们可以有针对性地从事物的本质看待这些问题，多方验证，知识的储备过程永远是不断推翻的过程，推翻的次数越多，越接近事情的真相，说出的话也会越来越有说服力。最后，我们要学会且善于做一个倾听者，在倾听的过程中，发现别人的思维逻辑、思维习惯和知识深度，明白别人的立场和想法，也可以对比出自己在理解问题上需要改进的地方。

第十二节 如何增加客户的黏性

在谈判中还会遇到一个含义困扰的问题，就是和客户只是“泛泛之交”，无法突破合作关系这一层屏障，和每个客户只能做“一锤子”买卖，合作一次以后客户就失去了踪影。这是由于客户的黏性不够，导致双方无法长期合作，原本可以有更多的订单，由于没有比较好的客户黏性而失去了机会。那么究竟如何增加客户的黏性呢？

一、在沟通的过程中尽量和客户多交心

现在开发客户的模式都比较成熟，从最初询盘（洽谈）沟通、确认订单到收款、备货出货，出口的效率提高了，但是和客户交心的机会越来越少，很多订单都开始流程化。流程化导致客户对于我们这个远在异国他乡的供应商的基本情况不是特别了解，或者说不能实时了解，因为在不出问题的情况下，彼此不会过多地互动，或者交流双方目前面临的问题、心态等。这样一种思维会引导客户或者是给客户一个标准：“哦，实际的国际贸易就应该是这么回事儿”，于是，双方越来越规范，依国际惯例做事，我付钱，你发货。但是一旦我们的供货出现问题，客户就会开始担心，因为从心理上来看，我们并没有给他过多的安全感。

二、养成习惯，不断积累知识

我再一次强调知识储备的问题。很多时候，身处客户开发第一线的人员生活阅历还不够丰富，这种不丰富导致的问题是：在和客户单独沟通时除了产品、价格、交货期、付款等工作内容之外，不知道怎么打开话匣子，或者无法谈到更为深层次的问题。我们要学会在关键的时候充当“关键先生”，而不是把决定权交给其他人。

三、提高沟通能力，培养洞察客户心理的能力

客户都希望和沟通起来简单而且“懂”的人做生意，这样他会觉得更省心省力。那作为一个“懂”的人除了自身语言基础要过关以外，还要为客户考虑，这可能是灵性的范畴。比方说通过客户的一个词语、一个神态、一个动作、一个标点符号，我们就能够读出他的潜在意思和担心，并顺着客户的意思去解决他的担忧和难言之隐。任何一个买家都愿意与这样的人沟通，即使有再难做的生意也愿意把订单交给他。

在增加客户的黏性上，可以谨记一些小贴士，把它们融入谈判中，效果会很明显。

- 与客户交心；
- 提高自身的专业能力和综合能力；
- 关键时刻保护客户的利益；
- 提高沟通能力；
- 敢于承担责任；
- 学会制造麻烦；
- 学会转移矛盾；
- 不计较单笔订单收入。

CHAPTER 6

第六章

维护客户也是变相开发

对于多数人而言，客户开发是指从客户接洽到最终订单确定的过程，这个过程比较看重的是“从无到有”，也就是双方从素未谋面到牵手合作。外贸人是享受和推崇这个过程的，但合作以后与客户的互动是懈怠的，原因有很多，如对自己的产品质量没有足够的信任，担心维护过程中遇到产品问题而转入无休止的售后；或者者不知道该如何和客户进行互动；又或者担心和客户的关系过于紧密导致后期价格谈判时伤感情。对于维护，大家通常有一种害怕、担心、逃避的情绪。就这个问题，我们来看看墨菲定律（Murphy's Law）：

- 会出错的事总会出错；
- 如果你担心某种情况发生，那么它就更有可能发生。

简而言之，该发生的总会发生，担心也没用，而且越担心，坏事发生的概率越高。我曾经遇到一件事情，当时一票货因为赶交期而选择用 DHL 空运。国产机器设备最担心的是物流，因为在搬运的过程中，一旦受到撞击，调试好的机器就会受到巨大的影响，小则灵敏度、精确度受影响，大则机器无法正常使用，所以产品的包装非常严格。而越是担心物流出问题，就越会出现问题，那票货被开箱检验。即使不谈查验的一系列费用，其对于机器本身的影响也是无法预估的。

做开发不能有侥幸和逃避的想法，哪怕事情往坏的方向发展也应该积极地去面对和解决。跌宕起伏的客户维护可以很好地磨炼心态，但维护客户也需要有一定的技巧和策略，本章我们就来解决如何有效维护客户达到二次开发和深度开发的目的。

第一节 了解客户的最新动态

大部分人会犯一个错误，老客户订单稳定后业务员从思想上会对其产生懈怠，因为客户的需求日趋稳定，采购习惯也比较明确，于是，业务员就重心转移到开发新的客户上了，对于老客户的订单、要求开始失去耐心，这是不可取的，这个时候我们需要做的是回想当初费尽千辛万苦博得客户一句漫不经心的回复时兴奋的心情。订单稳定了，我们也要多了解客户的最新动态。

现如今，能够了解客户动态的途径有很多，比如官网、社交网站、在线聊天工具等。通过一些外在的细微变化判断客户公司内部对产品的调整尤为关键。

一、官网

网站上通常可以了解到客户产品种类的更新、产品款式、价格区间、数量要求等。所以我们最好能经常翻翻客户的网站，知道客户产品线的调整、产品价格的调整、产品风格的变化。如果对于网站的内容、风格、格式缺乏敏感度，建议在浏览器里将所有目标客户的网站建一个收藏夹或文件夹，日日查看、比较，这除了可以提高自己的认知能力、审美，还能察觉出他们的调整。当然前提是要用心。

- 产品线增加可能预示着客户对现有产品有采购数量的调整，或者现有产品采购周期有延长的可能；
- 产品价格的调整可能预示着客户终端销量减少、库存较多等；
- 产品风格的变化可能预示客户正在寻求产品款式的变化，我们最好能及时做好预案，甚至可以主动询问客户对产品的要求和改进意见；
- 有可能从官网上发现其他供应商的商品，这有可能预示着客户想更换供应商。

查看官网这个习惯让我想起以前的一个客户，我们合作两年多的时间，在此期间我经常翻看客户的网站，看看我的产品在该国家的销售情况。在第三年的时候我突然发现，客户的官网主页进行了大调整，将我们的产品和同行的同类产品图片设置为网站的横幅，这让我非常意外，前所未有的危机感油然而生，我看了看同行的产品，发现在价格上同行的产品低很多。我决定发一封邮件问问客户的想法，毕竟是合作过几年的客户，有想法和问题及时坦诚地说出来是最好的。客户的回复也很直接，客户国家的汇率不稳定，消费者的购买能力在下降，正好有一个供应商提供更低的价格和更好的付款方式，所以他想尝试。

我在邮件里客观和专业地分析了这两个产品，同时在价格、付款方式上做了解释，并且我强调了售后的问题，客户恍然大悟。没过几天就下了一个大单，并且将同行的产品从网站撤出，我们又回归到正常的合作。所有事情做到未雨绸缪才能够防患于未然，所有不好的苗头在萌芽期就应该第一时间阻止，这是我们了解客户动态的最终目标，如果我们选择了忽视、放任、不表达，客户很有可能和其他同行合作，这之后的补救措施就成效甚微了。我们再仔细想想有些客户后期维护下来不知道在哪里出现了问题而日渐疏远，很可能是我们缺少一颗及时发现的心。

二、个人社交网站和在线聊天工具

偏私人的社交网站的动态是最能反映客户当前生活和工作状态的，通过它我们也能推测出客户的生活和工作节奏。

针对这类信息，建议采取关注和不打扰的方式，如果客户主动提及工作相关的内容，再考虑进行联系和跟进。（同样适用于新开发的客户）长期的关注会加深我们对客户的印象，也可大致推测出客户所在国家或地区人们的整体生活风格，除了在和老客户沟通谈判过程中对其进行更好地把控，也能沿用到该地区其他客户身上。

生活中少不了喜怒哀乐，在什么时候说什么样关切的话是最考验灵性的，这句话要既不会过分干扰客户生活，又能恰如其分地和客户保持黏度。不同国家的客户在线聊天时所表达的内容和形式大不相同，据我个人在线聊天工具统计，一般情况下：

- 欧美客户商务动态的更新会偏诙谐和调侃，在工作中寻找乐趣；
- 中东客户的动态会更贴近现实生活；
- 南美客户的动态会更贴近享受生活，阳光、沙滩、冲浪似乎是他们生活的全部，所以大部分南美客户的头像都是在海边拍的；
- 非洲客户的动态更多的是跟工作相关，聊聊生活也无大碍；
- 澳大利亚、东南亚地区的客户基本上是有事才会找你，没事你找不到他。

如果对全球市场客户规律还无法把控，可以先记住这些普遍规律。

三、偏商务社交网站

偏商务的社交网站，内容会围绕商务来，所以借助这类网站可以更多地了解客户的公司，个人履历、发展方向、资源、人脉。

四、海关、展会数据

通过海关数据（情报）我们可以浏览到客户的采购产品明细、进口港口，甚至供应商等，在现有订单稳定的情况下可以不定期查看相关数据，除了对客户的采购量、采购周期有更直观的认识外，有一天可能会发现客户在你名下采购的产品也许只是他采购总量的冰山一角，或者是你的其他产品也是他的主打产品只是他不知道。

第二节 “摩擦”和分歧是必要的

在和客户合作一段时间，订单趋于稳定以后双方难免会因为价格、交期、质量等问题产生摩擦和隔阂，这是一个很自然的过程，不用害怕和客户闹僵而选择性地逃避问题，最好的方法是正视和重视问题，用最专业的、实事求是的态度来解答客户的疑虑，争取保护双方的利益，就好比人和人相处一样，摩擦是必要的。

一、摩擦会让对方清楚我们的底线、原则和真实处境

生意是逐利的，在很多情况下客户之所以毫无道理的步步紧逼，是因为他没有意识到我们的实际情况已经相当困难了。如果没有太多的谈判和维护客户的经验，很多人在面对客户强硬的态度时往往会不知所措，或者直接把客户的“无礼”要求抛给自己的领导，领导对客户的把握不可能100%准确，可能会给出一些不太可行的建议，这样一来事情往往会朝更糟糕的方向发展。

比如：在报给老客户最优惠的价格以后，客户问，这个订单能否给一些折扣？我们心里会想：这个价格已经是最低价了，不赚钱，为何客户还要折扣？我做不了主了，把问题抛给经理或者主管吧。主管说：那怎么行，不可能亏钱做吧？不接受价格这个订单就不做了（同时还会带上一些对客户不满的情绪）。我们再将他的意见转述给客户：我们不可能亏钱做，这是最低价，不接受的话我们就做不了了。事实上客户仅仅只是顺带问一下而已，我们对于价格太过于敏感，又太过于珍惜这个客户而导致方寸大乱，左右不是。接受价格吧，没利润，不接受吧，感觉会得罪客户，在外部环境影响下给客户一个非常生硬的回复，反倒让客户觉得很奇怪，甚至不理解。

其实我们大可以很坦然和大方地告诉客户这个价格就是最优惠的了，用成本分析做一个正式的回复，正好可以告诉客户我们的底线在哪里，客户很可能不会再纠结于这个问题，毕竟他是一个有经验的人。

二、有摩擦可以让客户更信赖你

销售员每天做的事就是让不可能变成可能，这是我们的价值所在，怎么发挥好这种价值或者怎么体现出我们的价值是非常重要的。

比方说很多人会遇到交期延后的问题，特别是老客户的订单交期延误，客户会很强硬地催交期，很多时候我们没有办法明确具体的交货时间，而客户要的就是一个最终时间，怎么办？找生产要一个确定的时间出来，生产那边为了给自己争取更多的时间会报一个比较久的期限，或者我们为了缓和客户着急的态度而报一个无法完成的期限，最后还是不能如期发货，进入恶性循环。

其实发生交期延误的情况，我们最重要的是让客户知情、知进度、知态度。

◎ **知情**

第一时间让客户知道交期延误的可能，并及时说明原因以及解决办法。不要被动地接到交期延误的通知，再转述给客户。

◎ **知进度**

在交期延误的情况下，及时向客户告知生产进度，这样能帮助客户预判收货时间并盘算他的库存、销量等。

◎ **知态度**

我们在确实无法得知具体的收货时间时更应该积极主动地向客户表达自己对交期的关心，让客户感觉到不仅仅只是他在大洋彼岸心急如焚，我们也在尽全力赶交期。这会给客户极其深刻的印象，哪怕以后出现同样的问题，他也会非常放心地把事情交给我们解决。

老客户的维护过程其实就是加深信赖的过程，也是磨合沟通方式的过程。

第三节 不要过分“迷信”默契

合作久的客户，我们对他的采购习惯会逐渐熟悉，慢慢地会产生默契，但是过分迷信默契容易出问题。

如果整个合作过程比较顺利，我们对客户有一些把握后会加入自主判断，毕竟在良好合作的前提下我们不可能事无巨细地向客户确认。但是有些事情需要进行书面确认，不然出了问题，我们百口莫辩。

◎ **案例一：钢材下差问题**

钢材是有下差的，下差在一定范围内也是允许存在的，一位朋友为了帮客户找到好价格的钢材在以前的订单里会选择有下差的产品进行报价，同时在做PI的时候把这个下差的情况列明，客户一目了然，从未就下差的问题产生过疑问。慢慢地他把握了客户的价格接受区间后，双方形成了一种心照不宣的默契，所以在接下来一个订单里他也报了一个有下差的产品的价格，这个下差比以往稍大一些，但是也在允许范围以内。可是这次却出问题了。

货到了，客户要求打折扣，因为下差过大，客户觉得自己有损失，要求他给予 20% 的折扣。此时，这位朋友有几个方面的困难：（1）因为双方的默契，所以价格他仍然是按照下差后的重量来报的，也就是说给了客户最好的价格，反倒让客户觉得蒙受损失了；（2）这次没有特意标明下差信息，无法跟客户解释价格和下差的关系。所以他从下差的可接受范围向客户解释，虽然钢材有下差但是仍然在允许和可接受的范围内。但客户完全不能接受，原因是他无法和他的终端客户交代，再加上客户的资金也比较紧张，索要折扣的态度很强硬。

我认为这是每个人都可能犯的一个错，毕竟有些心照不宣的事情大家都觉得不用过分强调，但是在这种情况下，下差、价格、质量是三个互相影响的重要因素，我们在该意识到这个问题的严重性，不能仅靠默契来达成交易。哪怕客户接受了以前的有下差的产品，在这个新的订单需求上还是应该跟客户进行明确说明，及时跟客户反映产品的真实情况和品质，这是非常关键的，他必须是知情人，这样哪怕后期遇到了分歧，也好跟客户进行正面的理论。

我知道在客户维护中有些问题让人非常为难，我们出于维护客户的利益、面子、尊严等好意，选择不说、不提出，彼此心照不宣，就像这个下差的案例中，也许这位朋友是出于维护客户面子的考虑，所以不说。这是高情商的表现，但是要学会在情商上装一个天平，一旦天平严重倾斜了，我们就要及时提出异议，避免造成不必要的损失。

◎ 案例二：电压的问题

再举一个我自己的例子，还是回到机械产品上——每一个机械产品的订单都有不同的要求，或者说不同配置，这些不同的配置会导致产品价格、质量、性能不同，所以每次都需要和客户做确认。但是对于做独家代理的客户来说，因为合作时间比较久，客户的订单要求基本上是一样的，所以我对客户的要求和常规配置都非常清楚，甚至可以说是烂熟于心，久而久之我们形成了一种完美的默契，但是这种默契差一点造成损失。

合作两年后的一天，客户又发来一个大单，我熟门熟路，所以订单后续的安排也是非常熟练和轻松，到了电压的问题，我差一点也被默契误导。一般来说同一国家的订单电压要求通常是一致的，而这个客户对于电压的要求一直是 110V，所以我差一点就直接让工厂做成 110V 的电压了，以往别的订单中我都会和客户确认电压问题，目的是防止客户突然改变了要求，这次订单我本能地认为应该和以前一样，毕竟合作这么久了，再去确认可能让客户认为我们对他有懈怠，他会想：每次都是 110V，为什么还要问一次？可是，秉着对客户负责的态度，我想了想哪怕客户真的埋怨我，我也认了，于是，我单独发了一封邮件向客户确认电压是否还是 110V, 为了让客户尽早确认，我在标题上直接用 Still 110V 做明显的标注，客户马上做了回复："这次电压有变，我们会把产品发到不同国家，稍后我会给你电压的要求。"客户在订单的初期并没有告诉我们是销往不同的国家，可能会在货备好以后再给我们详细的信息，而且他并没有考虑到电压不同这个问题，如果我们再从默契出发，必定造成损失，产品返工或者是订单进入运输环节后完全忘记电压的问题直接发给不同国家的客户。我再一次因为考虑得比客户更多更全面而让他倍加信任。

客户有时候考虑问题的出发点和我们不同，特别是在一些问题变得顺理成章以后，他们会专注在他们认为比较重要的问题上，这个时候我们在形成默契以后仍然要有一颗敬畏的心，知道在什么时候什么问题上忘掉这种默契，这样才能做出最正确的判断。

第四节 适当做出"牺牲"

客户的维护是非常考验情商的，维护过程中由于双方关系越来越紧密，有些问题不能明说，说出来会伤感情，比如在价格问题上：90% 的老客户希望后续的返单能够有一些折扣和优惠，有一些客户会明说，有一些客户会选择暗示。如果在价格和利润上把控得太严格，彼此的合作关系可能会出现转折，所以当客户索要折扣的时候我们应该视时机选择满足，并且要做到让客户满意。

我有一个客户每个月的订单量都很大，每次订单我都不会给任何折扣，客户索要了好几次。因为是老客户，也是老朋友了，我知道他只是顺带说一句，所以我每次拒绝就一句话：这就是最低价，没有折扣了。每次客户也按照 PI 上的金额如数付款。有一次，客户采购了一批主板，大概八套，货到了以后客户发来一封很长的邮件说其中有两套主板是坏的。看到他的邮件，我完全理解他的意思，我的回复是：一般情况下主板坏了是需要发回来返修的，但是鉴于这种情况，我们免费再发两套新的给他，旧的主板他随时可以发回来修。我明知道之前发的那两块主板肯定是好的，还是愿意给客户发新的，其实是另一种层面的心照不宣和默契。意思是我知道他的意思，所以再送两套主板给他，另外可以帮他免费修两套以前旧的主板，客户大悦。

作为卖方，并不是什么时候都要稳赚那几成利润，也要适当地让客户享受一些优惠或者便利，做出一些牺牲，才能让客户心里多一些宽慰，让他感觉你处事灵活。但同时也要让客户知道这些牺牲是不容易的，是煞费苦心才争取到的，这样客户不会过多的苛求，同时也认可我们的做事方法，这样的维护才长久。

第五节 积极售后和跟踪

很多人对售后是抵触的，因为对于大多数业务员来说考核的首要指标是业务量，所以售后看起来是业务开发的负担，因为业务员需要花时间和客户来回确认产品问题、解决办法等。这个想法是不成熟的，殊不知现在有很多的公司成立专门的售后团队，就是为了在业务发展到后期，有专门的售后团队去解决产品的各种问题。

我们换一种方式理解，会发现售后也是业务开发的一部分：回到客户开发的价格谈判上，客户经常会问这样一个问题：为什么你们的价格比其他人高？我们通常告诉客户我们的产品质量更好、售后服务更贴心。有可能我们只是随口一说，但是客户确实将售后这一环节记在了心里。当面对质量问题的时候，我们如果选择了退缩、逃避、拖延等方法，就是另外一种形式的欺骗，客户心知肚明。

业务员在老客户的售后上是很容易产生懈怠的，合作时间一长，客户会把价格压得越来越低，而各项成本的费用却一直在上涨，订单利益越来越少，所以，对老客户疏忽大意在所难免。我的一位朋友在将一个整柜的货物送到客户手中时，客户发现产品质量与约定不符，提出退回返工。退回返工除了程序复杂以外，费用无法估量，所以这位朋友采取了拖延和逃避的方法，最后客户言辞非常激烈，他不得已只能将货柜运回，并安排返工。此时客户已逐渐对他丧失了信任，稳定的订单量逐年减少，最后客户丢失了。在这个案例里，拖延和逃避是无法解决问题的，事实也是如此，最后业务员不仅按照客户的要求运回并返工，而且还让客户对他的信任大打折扣，得不偿失了。如果在质量问题发生的时候就重视问题并积极配合解决，说不定客户还会想办法一起解决，不至于最后落得满盘皆输。

遇到售后问题，我们每个人必须做的是面对这些问题，和客户保持积极的沟通，弄清楚问题发生的原因，并在内部寻求解决问题的方法，不是所有问题都会导致退货、索赔、仲裁的，最重要的是在处理售后的问题时让客户真实地感受到我们是在积极努力地想办法解决问题，这是责任和担当的表现，也是深度合作的基础。

当然并不是每一批货出运以后都会产生售后问题，绝大部分的货物发出去后还是会让买家满意的，这种情况下我们也应该保持一定的跟踪，让客户知道他们的评价和反馈是很重要的，跟踪会让我们和客户保持一定的互动，这样当客户有新的需求时下单就变成了理所应当了。

第六节 适当地推新

前文提到了跟踪，我们会不自觉地将跟踪内容和新客户的开发做对比，是不是可以直接沿用新客户的开发方法，灵活运用 7 次定律？不是，老客户的开发是不一样的，因为有了合作关系，在跟踪的内容上需要做出变化，这里最值得注意的是适当地推新。

在新客户的开发过程中，即使客户在一定时期内没有回复，我们也应该尽量避免推新产品，因为我们并没有十足的把握客户对我们原本推荐的产品失去了兴趣，这个时候将跟踪的内容转向新产品推荐反而会让客户认为我们对产品信心不足。而在老客户的维护中，推新就显得非常关键了，有了之前合作的基础，客户对于产品的质量水平和消费者的反馈有一定的了解，新的产品问世对客户来说可能是一个千载难逢的抢占市场的机会。比如材质的更新，以塑料为原材料的产品一直备受全球青睐，因为干净、成本低，但随之而来的是回收、再利用、降解等问题，随着行业的发展出现了可降解的材料，对客户来说可能就是一个颠覆行业的机会，我们把新材料第一时间推介给客户，很有可能帮助客户，也可以为自己公司打开局面做一次重要尝试，因为随着材料的更迭，行业会重新洗牌。

当然新产品对老客户来说也存在一定的风险，那就是新的产品市场认可度并不高，比如我以前客户的一次产品尝试。我们在产品上加入 LED 技术，产品的美感瞬间提升，价格也比原来高很多，但是对于终端消费者来说，加入 LED 技术并没有对产品主要的功能有重大提升，导致这一新品在市场上并没有得到很好的反馈，客户的销售大受影响。我们采取的方式是对客户进行补偿，并将这款 LED 产品作为客户的展示样品。客户因为这次新品尝试大大增强了对公司的信任，并希望公司以后新产品的推广能第一时间找他。

新产品的推广代表的是行业的活力，是行业发展的动力，还有，推新的作用是和客户在产品上保持互动，这种积极的互动能够让客户看到产品提升的方向，看到我们主动求变的想法。当然推新不能过于盲目和频繁，不能让客户感觉这是例行公事的营销，比如现在使用比较多的方法是在邮箱管理系统里将新品推荐进行群发，没有灵魂，发给客户根本无法产生共鸣，最好的办法是结合客户市场的具体需求做推荐，用真诚的语言向客户做介绍。

第七节 创造话题

老客户的维护如果只停留在产品和订单上会让客户感到厌倦，久而久之会形成一种压力，因为这会让客户看到每一封邮件都认为我们是在盼望新的订单。所以客户的维护要学会创造话题，一个好的话题会让维护变得轻松。

一、国际大事件

我们先来看看下面的案例。

2015 年 7 月 15 日，来自 Elaine："我有一个意大利客户，从 3 月中旬开始联系，客户自此以后下了两次单。一次是 3 月 26 日，一次是 5 月 9 日。但是客户最近没什么消息。在客户跟踪方面我感觉还是有一定的问题，一般产品发出去以后我就是问问客户市场反应，没有什么共同话题。Chris, 您有什么好的建议呢？"

答：可以从时事着手，比如意大利的世博会。

面对这个意大利客户，我首先想到的是国际大事件世博会，原因有如下几点：

- 时事打开话匣子最自然，也最轻松；
- 让客户知道我们一直在关注他们国家的动态；
- 大型的国际会议通常会伴随着一定的采购需求，正好可以延伸到新的合作机会上。

从大事件入手维护客户的方法并不是凭空而来的，它来自其他客户的提醒。巴西 2016 年奥运会的前几年，他们的进口需求与日俱增，在这个大事件的背景下，很多巴西客户一改从前懒散的谈判节奏，主动地向我们跟进采购进度，正是在巴西客户的提醒下，让我想到从国际性的大事件出发创造话题。

二、节日问候

除了国际大事件以外，节日的问候应该是最好的话题，节日问候可以很自然地让紧张的谈判氛围转到轻松的气氛。在节日问候上对于新开发的客户和老客户是一样的，所以我们就用新开发客户的案例来做分析。

Chris，我想请教下，2018 年 3 月我有个俄罗斯客户，我们已经谈到做合同了，付款时他却突然没了消息。无论我怎么联系客户他就是偶尔回一封邮件。今年我问了下他到底买不买，客户回复说会买，在建厂房。问他什么时候买，他就不回答了。问厂房什么时候建好，他也不回答。我就想了想，问规格有没有变化，他就回复了一个有变化。这种客户怎么跟踪呢？

答：合同做了，虽然没有付款，但是客户还是有采购意向的，只是在某些细节上有一些变化，不方便告知，或者他们还有其他的重要项目在处理，目前按照轻重缓急的顺序和你保持必要的沟通。一般来说客户在做了合同以后没有付款的原因大致有这些：

- 客户在向其他供应商询价，也在等他们的合同，等到后再做决定。甚至有些客户会拿着我们的合同向其他供应商压价；
- 就如这个客户所说，他需建厂房，或者做一些其他的准备，等一切准备妥当以后会来找我们履行合同；
- 客户需要拿我们的合同去向银行做贷款，这个贷款的审批需要一定时间，（也需要和外方签订的原始合同文件），或者有一定的不确定性，所以客户没能按时付款，但是还要和我们保持适当的沟通，等银行那边有确定消息再进入订单阶段。

这个时候，问客户什么时候建好厂房，什么时候确定订单都显得操之过急了，不能因为签订了合同就理所应当地认为订单进入了付款阶段。我做了一个统计，在合同 (PI) 确定以后，能够如愿进入付款阶段的订单比例大概占到50%，甚至更少。当然其中不乏一些客户的谈判习惯就是先做 PI，再进入谈判。所以不能因为签订合同就认为谈判的节奏一定要加快，相反当我们发现客户明显放缓了节奏就该换一种思路去跟踪，比如以节日为话题去和客户保持必要的互动，在合同的跟进上点到为止，等待客户答复。

第八节 出国拜访

老客户的维护容易出现裂痕的一个重要原因是在合作过程中双方的关系变化很微妙，客户可能是我们的朋友、老师，又可能是一个很难应付的对手。所以，无论我们在工作的范畴里将客户关系维系的如何稳固，也还是会觉得没100%的把握。其实换另外一种思路就很容易解决这个问题了，客户也是人，他们也需要情感的交流，也需要面对面的表达和倾诉。而出国拜访就是情感维系的重要方式。我们看看在客户拜访中要注意哪些问题。

一、做好出国拜访前的准备

- 确定拜访的目标对象；
- 学习客户国家文化；
- VISA、机票、酒店、现金等；
- 公司介绍、样品、新品、合作方案等。

二、不要忘记对接人

在拜访之前很多人会准备一些小礼物，我认为这些是有必要的，它可以加深彼此的关系，为接下来的合作打好基础。但是我们在准备小礼物的时候最好能够事先对客户公司各个部门的相关人员有大致的了解，不仅仅是公司的负责人，还应该就合作过程中的采购、设计、质检、船务等对接人有清晰的了解，并在礼物上相应地做好充足的准备，这样到了客户公司才可以给每个人都留下深刻的印象。大家要知道我们在客户公司的形象多来自和我们每天接触的这些对接人，所以做好足够的功课是必要的，它甚至会起到决定性的作用。

三、不要等到无法挽回的时候再出国拜访

出国拜访的成本相对较高，所以大多数人不到万不得已不会采用出国拜访的方式去维护客户关系，这里的万不得已是指客户明确表态要换供应商或者不从我们手里采购了。到了这个阶段我们出国拜访挽留客户，基本为时已晚。

四、深入当地消费市场

既然出国拜访的成本较高，我们除了拜访目标和潜在客户以外，更应该深入消费市场，了解消费者的终端需求，目标市场的定价、推广策略甚至是竞品情况。这些会对产品的定价、产品线的增加有帮助。

第九节 客户的保护和培养

在与老客户的合作过程中，有些业务员认为“木已成舟”，客户已经下了订单，我们可以反过来才他提要求了，又或者是在生产过程中偷工减料，因为这个时候客户处于相对弱势的境地，他不可能对我们的生产状况有绝对的掌控，但正因为这种情况我们更要学会保护客户。这个保护的行为可能并不是很出彩，并不能让客户看到我们的付出，但是保护和不保护的结果是完全不一样的，货到港以后，客户是完全能够感受到这种保护的，那么我们怎么保护客户呢？

可以做的事情很多，从最原始的物料开始，我们要确保物料是全新的而非回收利用的，重量不存在偏差，在生产过程中确保每个流程及每个流程的检测符合标准，没有蒙混过关，颜色的比对、印刷的校对、包装材料等各个方面都是按要求进行。这是基本的保护，还有的保护是更高层次的，我们来看看这个案例。

我曾经有一个客户每次采购墨水的时候都非常急，大概是他的终端客户每次给他下订单都非常着急，所以他会要求我们用快递的方式发墨水。我对从工厂发过来的墨水质量是非常有信心的，唯一担心的是运输过程中箱子的撞击导致货物受损，所以我每次出货前都会在外箱的每个面用记号笔标注“BE CAREFUL”（小心）的字样，目的是提醒每一个搬运箱子的人小心轻放，然后用箭头标明朝上的一面。由于我每次发货前都有这个动作，快递人员为了让我更放心告诉我说他们会贴上化工品的标签，搬运的时候会绝对小心的。但是我的想法不一样，因为我不知道这批货会受到什么样的对待，我只知道当“BE CAREFUL”字样出现在别人的视线里的时候，他们条件反射的会更加注意，所以几年下来，每一批货到达客户手中都是完好无损的。我能感受到客户对我这种做法的认同，以至于后来客户每次下单的时候总会顺带要求我在外箱上标明“Fragile”（易碎的）或者是“Be careful”。

相对而言，在保护客户方面工厂比外贸公司会更有优势，因为他们随时可

⇧

以监测生产，而外贸公司的质检相对来说会有滞后性，出现问题发现问题会更慢，一旦在生产前没有把要求讲清楚，出现问题的概率是很大的，所以对于外贸公司来说，保护客户显得尤为重要。

保护客户不仅仅是指生产上保护，也包含对客户市场的保护。我们在选择参加国外展会的时候，需要考虑到我们的参展对于该国的老客户是否有影响，应该多考虑我们的产品一旦进入该国的展会，所要面对的是所有的同行，也包含我们自己的客户或者经销商的终端客户，他们一旦知道了我们的真实价格势必会影响终端客户和中间商客户之间的合作关系。

多年以前客户是在中国培养供应商，他们帮我们建立完整的质量体系，打造流水线，培养服务意识，甚至是提供技术支持，在此基础上我们的产业链得到快速发展和完善，并达到西方标准，发展到今天，我们应该转换一下思路，客户也是需要培养的。有些买家对进口一无所知，这就要求我们有培养客户的意识，无论他们是什么类型，采购量多少，我们都要给他们更多的耐心和包容心，让他们看到这个产品的生命力，由点及面，同样会爆发出惊人的采购力量。

第十节 灵活处理付款方式

一、付款比例灵活

很多老客户在返单的预付款比例问题上总会有各种各样的要求，目的是保证自己手头永远有一定的资金。而对于我们来说，面对客户的付款要求，要学会灵活应对，试着去相信客户的诚信，当我们把这个心结打开后，客户给予我们的反馈会更多。我们以 T/T 付款方式为例来分析一下目前所面临的预付款比例。

◎零预付，货备好后结清

有些客户会要求我们先备货，等货备好以后马上安排付款，这对于卖方来说是很危险的，万一货备好了客户没有及时付款我们就被动了。事实上提出这种付款比例是以双方有着相当的信任为前提的，双方有良好感情基础的情况下客户食言的可能很小。所以对于企业来说，如果用于备货的资金并不是很紧缺，可以考虑接受客户的建议，这样一来给客户更宽松的付款方式，形成产品之外的竞争力。

二、老客户维护中的“借”与“还”

客户维护中的“借”与“还”比较考验个人能力和客户把控能力，用得好能够起到深度开发的作用，运用不好可能会丢失客户，但无论如何它确实是客户维护中一个无法避免的问题，更何况有时候富贵险中求。我们来看看这个“借”与“还”，这里的借与还是指货款的问题。

◎“借”客户

有些客户的公司付款期限、付款额度的审核非常慢，在货款的支付问题上也存在流程上的困难。货款无法及时到账，产品无法及时备货以至影响交期。

我有一个老客户就在付款问题上面临这种问题，每次到付款的时候节奏总会非常缓慢，影响交期。有一次付余款，客户多付了一笔钱，一开始他们并没有发现，于是我主动地告诉客户我们入账了多少美元，比 PI 金额多出多少。客户意识到打款出问题了，马上要求返还这笔多余的款项。这个老客户属于非常优质的客户，热情诚信，我们彼此非常信任，看到客户返还款项的要求，我又跟进了一封邮件——建议客户将多余的款项暂时寄存在这里，作为下笔订单的预付款。通常情况下这种做法是会遭到客户的抵制和反感的，但是在当时的情况下，我出这样的建议有两个原因：

- 客户的付款太慢，有时候甚至需要转由第三国代理付款，严重影响交期；
- 当时国际局势紧张，原材料价格有爆发式上涨的可能，如果资金能够提前到位，可以提前备货，减少损失。

围绕这两个原因，我向客户做了详细的说明，客户应允了。但是，我明显看出来他还是有一丝不放心。直到有一天我告诉客户原材料价格上涨，库存已准备好，建议他安排下一个订单，并且以上次多余的款项为预付款时客户才恍然大悟，马上确认了订单，并且再三感谢我的及时告知。

如果这笔多余的款项原路返回了，下一次的订单客户要承担的是两倍的价格，也许他愿意承担，因为其他人面临的情况也一样，水涨船高，但是他心里总会有一些不舒服。我们最了解国内的行情，把这笔款项借在手里再在合适的时机还给客户是变相地为客户节约成本，这是个人能力的体现，也是对客户把控能力的体现。这件事以后，很多事情的沟通就变得非常简单和顺利了，因为这种信任是任何人都无法代替的。

我们再深入研究一下这个借，事实上“借”有另外一层意思，面对一些容易动摇的客户，或者是在返单上存在犹豫、彷徨的客户，这个“借”会掌握主动权，因为我们掌握了这笔资金，客户在摇摆不定的时候，会因资金的问题而将其他的选择抛弃，这非常考验我们对客户的掌握能力，需要我们仔细思考和斟酌。

◎客户的“还”

在货款的问题上，除了我们向客户借，客户也会向我们借。在是老客户资金紧张需要周转的时候，我们到底是借还是不借呢？在上面的案例中，客户多付款以后选择了相信我们将货款暂由我们保管，最后节约了成本。我们在面对客户的考验时是不是也能像他一样选择相信？答案是应该更为谨慎。

事情是这样的，我的一个老客户的公司要扩张所以在周边的几个国家设立了分公司，几个分公司运作得越来越好，订单源源不断。来回几次以后分公司要求我们给一些更好的付款方式，甚至是货到付款。我选择了同意，原因是一旦发生资金问题或者遇到拒付的情况，母公司也有能力支付。最后，分公司真的拒付了，而且追问之下没有回复。当我把情况向母公司说明以后，老客户说给分公司一点时间，他们现在遇到了资金的问题，如果最后分公司无法解决，他们会把这笔款付掉。

最后，还是母公司把这笔货款结掉的，而分公司濒临破产。这是个例，但是身边也有类似的案例发生，所以在客户的“还”上面，我们要相对更为谨慎，再三思考，最好有担保和背书，才可以在拒付以后追回。

第十一节 坦诚是解决重大问题的唯一出路

在客户的维护过程中，我们应该都有过面对重大问题的时候，特别是重大的质量问题，很多人碰到这种问题会选择拖延甚至是撒谎来祈求渡过难关。要知道客户花的可是真金白银，我们再怎么拖延，怎么逃避，怎么制造谎言都无法从根本上解决问题，唯一的出路只有坦诚。

一、坦诚让问题得到真实表达，将损失降到最低

在质量问题上，外贸人最深刻的体会应该是因为一个谎言，要拉上所有人制造更多的谎言才能圆谎，最后能够顺利过关当然皆大欢喜，一旦事情朝着更坏的方向发展，就到了无法挽回的地步。所以坦诚最重要的一点是我们放下了所有的包袱，让整个事情变得很轻松。双方都可以就问题产生的真实原因交换意见，将损失降到最低。

我的一位朋友出口一批展示架到美国，这种展示架会进入各个超市和便利店。生产时由于图纸解读的差异，导致其中一个配件的尺寸出现问题，这个问题在前期打样的时候并没有被发现。这位朋友并没有对事情进行隐瞒，而是将问题发生的原因、样品、配件都做了详细的解释，接着就准备迎接客户的愤怒和退货。当客户知道真实原因以后，有不满的情绪，但是在不满的情绪下也提出了他的想法——重发配件，客户在当地找人直接改装，并告诉这位朋友，虽然美国人工成本非常贵，但绝对比货物退回的损失少。让这位朋友没想到的是，客户后来又下了一笔相同的订单。

有些人选择隐瞒的原因是站在自己的立场觉得这件事情是无解的，但是生意是双方的，在长期的合作当中双方可以就各种问题坦诚地进行交流来寻找最佳的解决方案。

二、坦诚是打动客户最可贵的品质

Nancy 入职了一家新公司，这家公司的产品和她以前公司做的不一样，她

在客户开发上并不是很顺利，眼看着马上转正期要过了，Nancy 非常焦虑，所以她尝试跟老客户 Mohamed 进行沟通，坦诚地告诉客户希望他能够在业务上给予她一些支持。由于 Nancy 和 Mohamed 一直合作非常愉快，在这次坦诚的沟通后客户表示会尽量帮她。

Hello Nancy,

Very glad to hear from you again, I hope everything goes well with you and your loved ones.

Sure, I remember you, you're a close friend, I hve been appreciating that you are working in another company,I'd like you send us full brochures on your new company. Definitely, we have many demands from our customers regarding a variety of products and we will contact you in future.

Mohamed

Nancy 是一个非常讲诚信，也非常坦诚的人，出了问题敢于承担责任，这也是客户认可 Nancy 的重要原因，在邮件里他直接告诉 Nancy，"you're a close friend.(你是我的好朋友)"，也正是由于 Nancy 的坦诚，让客户知道她现在面临很大的压力，愿意助她一臂之力，这也算是客户深度开发的最高境界了。

三、坦诚是合作的根本

客户开发和维护过程中总会使用一些策略、技巧，这是无可厚非的，毕竟我们要面对不同的供应商，不同的客户风格不同，而且身处的环境不同，我们难免会采取一些措施，避免因小失大，我将这些称作外贸人的"形"，"形"的作用是为客户保驾护航，排除一切干扰，最终顺利地完成订单。

而"形"的背后必须有坦诚作为支撑，坦诚才是根本，一旦"形"难以解决，不管用了，坦诚就成为彼此合作的基础。所以我们要表现给客户的印象是：我们是有策略、有头脑，讲方法和技巧的人，且在大事面前是坦诚的人。因为这样的人是最信得过的。

第十二节 “终身制”客户

我们将 Nancy 这个案例延伸一下就能理解终身制客户的含义了。反过来我们应该意识到客户的维护是非常重要的，在这个过程中我们为客户把关有多严，为客户争取了多少利益，为客户节约了多少成本、弥补了多少损失，客户是心知肚明的。

大多数人做这些事情的时候是盲目的，解决这些事情的时候会面临非常多的阻碍，而且很多阻碍是在业务范畴以外的，所以遇到困难很多人会选择放弃或者睁一只眼闭一只眼，等到出现了问题再回过头去跟客户、跟公司交代：“我当时就把问题说在了前面，可是没能阻止。”这样似乎可以把问题直接从自己身上剥离开来，但客户还是被伤害了。

一、客户是我们存在的价值

客户象征着公司的业务，外贸人的价值就在于这些业务，没有客户，就没有价值，这是我们应当明白的一个道理。在客户的维护过程中，我们要做的是尽量地将客户服务好，以保证后续订单稳定。但是我们无法要求所有人都有同样的想法，很有可能生产方只想将订单早日完成，以便排更多的订单，所以他们会建议有利于他们的方式，在这种情况下损失一点客户的利益对他们来说是完全可以接受的。领导或者管理层看重的是订单的利润和成本的控制，在他们眼里客户的维护完全是我们可以完成的事情。这是不同人的立场问题，我们应当清楚地意识到客户才是我们存在的价值，出了任何问题，最后的原因和责任都会归咎到我们身上：没有沟通好、没有安排好时间、没有计算好利润、没有安抚好客户情绪等。最重要的是客户的体验感下降或者客户丢失对其他人来说没有任何影响，但我们存在的价值大打折扣了。

二、“拯救”我们的还是客户

在危急时刻，拯救我们的到底是谁？有时候我们应该问一问自己这个问题。我不知道有多少次看到外贸人因为各种问题得不到解决和支持而急得流下眼泪，这个时候大多数公司采取的解决方式是和客户沟通、强迫客户接受。明知道这些解决方法换来的是客户的不理睬、不回复、失去联系等严重后果，但是站在维护公司利益的立场，最后都选择了伤害客户。

最终买单的还是客户，是他们接受了外包装变化、接受了色差、接受了交期晚到而影响圣诞促销等。我想要是没了客户的支持和理解，很多人会因为付出了辛苦和汗水但得不到应有的回报而郁郁寡欢，有多少人在想要离职的时候告诉我“最放心不下的还是这些客户”。言外之意是自己悉心照顾的客户，以后不知道会受到怎样的对待。

我记得有一次产品到港以后，因为生产部门没有在外箱贴上“Made in China”导致客户国家的海关扣货，而客户告诉我这些情况的时候，说了一句：“Don't worry, I will handle it.（别担心，我能解决）”，后来我才得知客户安排了两个人连夜去贴标签，顺利提货。

三、客户是一辈子的

我们先看看这封邮件，这封邮件是我八年前的一个客户发过来的，因为我有件事情想找他帮忙，所以尝试着给他发了一封邮件，没想到客户的邮箱没有变，马上做了回复。

Hi Chris,

How are you dear.

I am so happy that I get you after a long time.

How is your life and family, I wish you have a good life because you are my best friend.

All your best.

行业的变迁会让彼此暂时失去联系，甚至不会有任何的交集，但是当我们需要帮助的时候，客户会第一个出来支持我们，因为客户是一辈子的。

第十三节
心怀感恩，保持敬畏

外贸人经常会遇到瓶颈，大多数人都会把原因归结于行业衰退、谈判技巧差、心态不好这几个方面，其实换一个思路去理解瓶颈或许能豁然开朗。

一个心怀感恩的人所表现出来的行为是不一样的，当我们在老客户的维护中出现懈怠和消极的想法时不妨回过头去想想，在最初的开发阶段是谁让我们在被打击得怀疑人生的时候给了我们一颗定心丸，我们可能会收起消极的情绪，用感恩的心去服务好客户——这种做法才是一个有着感恩精神的人所表现出来的行为，客户能够感受出来。

反思自己和客户联系的邮件，我们会发现一个很明显的问题，最初的邮件中用的词、语、段落甚至是标点符号都比后期维护时更讲究、更认真、更积极。后期产生懈怠的想法以后邮件的写法发生了改变。这种反差在客户心里很容易留下伤痕，落差比较大，失望也会比较大。

这种懈怠会发生在每个人身上，因为客户的维护确实是有倦怠期的，在这个阶段我们会因为一直沉浸在订单的完成中而暂时性地忽略了某些问题，更有甚者会因为谈下了很多客户而变得说话都无所顾忌了，但是不同的人调整的节奏不一样。有些人一旦意识到邮件里哪个词用得不恰当，可能会影响客户对我们的信任，会坐立不安，甚至马上追加一封邮件进行详细的解释，哪怕是缓和一下气氛，我认为这一系列的做法背后的原因客户是心知肚明的，但是对我们来说做与不做差别很大。

在感恩这件事情上面很多人是没有意识的，一位朋友 A 在谈判的初期因为对客户的把握不够，会将他和客户沟通的细节告诉我，与客户沟通的每个用词都非常用心，想确定客户是不是真的想买，是不是有其他的备选供应商等，当我告诉他客户的意向很强烈时，他非常开心，最后订单顺利完成。而完成订单以后，在遇到某些问题时他们的态度发生了改变，开始把原因归结到客户身上，把客户视为很难对付的对手，也许他自己没有发现，但是和我的聊天记录里可以非常明显地看出这个变化。

⇧

客户都很信任地把订单交给我们了，遇到一点问题和挫折就开始抵触客户，这可不好，要记住感恩是做出来的。

第十四节 “大智若愚”是维护客户的最高境界

有人说销售这个职业越老越吃香，大概是因为随着销售经验的积累，在开发客户方面会更有心得。但我觉得随着阅历的增加，销售员更多的学会的是如何收敛自己的锋芒，让客户合作起来觉得舒服、轻松。

外贸人的思维都是非常敏捷的，反应都比较快，所以在很多问题上可以一眼就看出端倪，有些人心直口快，在发现问题以后马上就向客户反馈哪里出错了，似乎好不容易抓到客户的把柄，正好变被动为主动。这种直接的方法确实会让客户眼前一亮，对我们的反应速度赞不绝口，但是高手通常不这么做，高手不会直接指出客户的错误，而是会用委婉的方式告诉客户正确的做法应该是什么，客户自然而然就知道自己的想法出现了偏差。两种方式在描述上有这些不同：

客户：The final price is ABC right?（所以最后的价格是 ABC 对吗？）

A：No, the correct price is CDF, maybe you got a mistake on freight.（不对，正确的价格是 CDF，你可能在运费上算错了。）

B：Let's start from the freight, so I think the final price is CDF, please double check it.（我们从运费开始算起，我认为最终的价格是 CDF，请再核算一次。）

有些人觉得直接的表达更好，可以提高效率，也可以让客户看到我们的信心，A 的表达更直接，而且 A 肯定也是反复思考才确定是运费出了问题，所以可以直接点出客户算错的地方，客户应该更认可才是。但是，我们看看 B 的表达方式的妙处在哪里，他用委婉的方式告诉客户先从运费算起，客户必然会检查运费，再用“I think”这个词对最后的价格做核算，“I think”这个词的作用在于它有一种不是很确定的态度在里面，那么谁来做肯定呢？最后一句再把决定权抛给客户，也就是还是由客户算出正确的价格，这种情况下客户的回复就会很自然：Yes, I just double checked the final price and found you are right the final price is CDF。那我们再回过去看面对 A 的表述，客户会怎么回复？大概会说：OK，因为他没有其他话可以说了，也就是说我们把客户原本可以说的话切断了。

这只是一个非常普通的例子。通过此例，我们可以看得出来我们表现得比客户聪明，会让双方的沟通陷入非常尴尬的境地，客户可能有更多的想表达的内容因为我们的“聪明”而选择了沉默。这种情况更多地发生在介绍产品知识的时候，我们不应该在专业知识上让客户感到遥不可及，觉得自己没有机会发表意见，而是要让客户参与进来，用最通俗的语言帮助客户理解。最厉害的高手不是用一系列专业的词汇和数据让客户认为他有多么高深莫测，而是能够用最通俗的语言解释最复杂的原理，让他觉得原来这么简单，这就是我所说的大智若愚。

CHAPTER 7

第七章

成为全能销售员，满足客户多样要求

在客户开发中我们会碰到各种各样的问题，比如遇到一些不会说英语的客户，无法完成交流；又比如客户的设计图纸发过来需要我们做一些修改。这些问题都可以由专门的人来处理，他们更专业，但是大多数情况下他们很难做到及时。一幅图片发来，客户把他的设计想法告诉我们，我们再传达给相关的设计师非常耗时，如果我们能够懂得一些基本的设计知识和原理，完全可以大大地减少中间的沟通成本。这些沟通成本的减少必然会提高买卖双方的沟通效率，成单概率自然会大很多。我相信很多人深有体会的是如今的外贸对业务员的素质要求越来越高了，外贸人要学习和了解的技能也越来越多了。其实这是行业的节奏加快了，为了适应这种节奏，我们就来罗列和分析开发过程中我们所要了解的技能。

第一节
外语技能

外贸业务员给所有人最直观的印象是外语好，当然这里的外语大部分是指英语，英语作为国际语言，它是国际贸易沟通的基础，在这个基础上双方可以自由地交换彼此的想法和意见从而达成合作。但是我们必须意识到的一个问题是外语只是外贸的一个技能，而绝非全部，这个技能可以帮助我们更快地理解客户，提高沟通的效率。但是这个技能的特殊之处在于，只有通过外语的学习才能更好地了解客户的更多想法，也只有通过外语的学习才能知道沟通中被动式与主动式所强调的重点，现在进行时和过去完成时在表述一个问题时的差异，长句与短句的优劣等。细节的捕捉往往决定一个人的开发能力，因为这些细节能够帮助我们了解客户的心态和变化，谁先捕捉到了，谁就能取得谈判的优势。我们来看看在语言这项技能上我们应该掌握哪些。

一、英语的听说读写

语言技能唯一的要求是实用，不求单词、文字用得多么华丽、富有美感，最低的要求是听说读写要样样精通，和客户保持无障碍的沟通。

◎ 听

在和客户用语言交流的时候，必须能听得懂客户的语言，拿英语来举例：我们要能准确地听出客户想表达的意思，不能在理解上有歧义；在客户的表达跳跃性很大的时候，能够跟得上客户的节奏；听到不同国家客户口音很重的英文时，仍然可以应对自如；由于听所处的沟通环境是及时的，所以能够听出话外之音会更好。英文听得好的诀窍在于有丰富的词汇、句型做基础，如果不能完整地听出客户的意思，可以选择抓取客户每句话中的几个关键点，再结合自己的理解进行串联。

◎ 说

说是一个非常重要的外贸技能，目前国内的英文教育的短板就是在“说”上，大部分外贸人在说上面显得不自信，当自己说的话对方不理解时就更容易对说产生抵触情绪。但是在和客户的沟通过程中，说是非常重要的一个环节，比如客户来公司拜访，我们做介绍，沟通过程中客户一定会对公司、产品、技术等方面有很多的问题，如果我们听得懂，但是在说上面有很大的问题，是很难完成这次面对面的谈判的，客户会对我们、对公司的印象大打折扣。除此以外，客户验厂、售后、电话沟通等每一项都离不开说。要改善外贸技能中的“说”，首先要能够听懂客户的意思，最好能够听得准确，再在头脑中搜索相关的表达句型，习惯以后就可以自由流畅地表达了。

◎ 读

读是用在理解客户的邮件上，由于商务邮件的表达方式和口语有一定的差别，会有相对正式的邮件用语，在语法上也更为严谨，所以在读邮件的时候要能够准确地理解客户的意思，避免因为错误的理解而造成双方的沟通失误。如果邮件没有读好，可能会让双方在某些问题上产生非常大的歧义，而需来回确认，导致客户对我们丧失信心。欧美国家的英文书写相对来说会更正式和严谨，理解起来更轻松，但是面对英语普及度不高，或者是在邮件表述上将母语和英语混在一起使用的客户时就非常考验我们英文的理解能力了，这个时候我们必须站在客户的角度就当前讨论的问题去猜他可能想表达的意思。比如这个例子：

客户在邮件里突然说一句，“Wish you get a big Hing Pau.”

这句话从字面意思是根本无法理解的，所以我们要放弃字面翻译，想想可能的情况，当时正好快到中国新年了，客户用的是 Wish，所以应该是祝福的话，再结合新年，这个 Hing Pau 和红包（h ó ng b ā o）的发音很像，我豁然开朗，原来客户是希望我们能收到大红包。所以，在读上面，也是需要用心思考的，思考得越仔细，理解得越准确。

◎写

写英文是外贸人都会的一个技能，主要体现在邮件的书写上，但是写得好与坏在客户看来是一目了然的，外贸行业发展到今天，客户可以从邮件的写法、用词判断出外贸人的文化水平、工作经验等，一封好的邮件，语法准确、有理有据、段落分明等会让客户看得赏心悦目，产生共鸣。相反如果在书写上较为随意、表达不清、用词不当给客户的第一印象自然不会很好，即使在产品上有绝对的优势，客户也可能会看低我们，这是人性。所以在写这个外贸技能上，除了自己平常的积累以外，还要学会向客户学习，积累他们的用词、用句，这样邮件就会写得越来越自然了。

二、小语种

在掌握英语这项基本技能后更进一步就需要小语种了，随着行业的不断发展，小语种越来越多地受到外贸人的重视，因为外贸行业的产品面向的是全球市场，近几年非洲、南美洲频频传来出口的捷报，这些国家的需求正在被发掘，但是，在开发这类市场的过程中语言成为一道阻碍，如果我们能够更主动一点用客户的母语去做开发肯定会更有优势，因为有些客户不会英文，还有一部分客户会英文但还是习惯用母语交流。所以学习西班牙语、葡萄牙语、法语、日语、韩语这些语种显得越来越重要了，它会让业务员显得更亲切，更能赢得客户的青睐。

除了双方的沟通和交流以外，小语种还可以在公司官网、公司样册、产品明细、使用手册这些方面体现出公司的绝对优势。要知道一个没有小语种的网站和文件相比较于一个有专门的小语种页面和文件的网站给客户的直观感觉是不一样的，后者会让客户看到公司的专业和细致，这就是竞争力。

三、翻译工具

如果实在没有学习一门新语言的信心和时间，翻译工具就少不了，它可以解决买卖双方沟通中 80% 的问题。而在所有的翻译工具里首当其冲的就数 Google 翻译了。细心的人会发现 Chrome 浏览器里有将外文的页面自动翻译成本国语言的选项，这里的翻译就是由 Google 翻译来完成的。如果不是面对面的沟通，在和非英语系国家的客户的沟通中熟练地运用翻译工具，基本上可以达到无障碍的交流，前提是在使用翻译工具的时候，尽量选择用短句，且避免用生僻的词。翻译工具唯一的不足是很难从翻译的文字中看出双方的心理变化，所以建议在开始沟通时就直接告诉客户是在使用 Google 翻译进行在线沟通，这样客户在用词和表述的时候会尽量配合我们，而万一有少量的词表达有歧义，客户也能够理解。

第二节 眼球经济下图片、视频的重要性

将互联网作为主要的客户开发渠道是眼球经济时代的重要特征，意思是吸引了客户的眼球，就能拥有流量，有了流量就可能转化成订单。而相同的产品，不同的拍摄手法、不同的色调选择、不同的背景、不同的拍照角度都会给客户不一样的感觉。所以图片、视频这些产品的表现形式从某种程度来说是决定着客户是否可以转入后期开发。毕竟客户对图片不感兴趣，哪怕产品的质量再好，也不会给我们后续的沟通机会。

顺利地进入谈判后，如果我们自己就可以处理各种格式的图片，可以改尺寸、改颜色、改背景、加文字等是可以大大地缩短谈判周期的，事实上很多时候客户并不需要丝毫不差的完整图，在谈判期间他们更多的是希望看到一个大致的概念图，让客户知道最终的设计是什么样的，这些其实是非常容易办到的。我们学会了图片、视频处理的技巧，将这些问题迎刃而解，是非常有利于开发的。

一、图片处理

图片的处理需要相关的图片处理软件，常见的是 PS，当然还有 Adobe Illustrator（简称 AI）和 corelDRAW 等矢量图形设计软件，更专业一点的就是 Computer Aided Design（计算机辅助设计，简称 CAD）制图。PS 是较为常规而且功能性很强的软件，所以被大多数人熟知，而且 PS 的操作和使用原理和 AI、corel DRAW 非常接近，如果能熟练使用 PS，另外两种软件也可以轻松地使用。PS 学习起来并不难，下面来看看 PS 在客户开发中的运用。

◎箭头（直线工具）

箭头是在客户开发中运用得比较多的 PS 工具，原因是箭头可以非常具体和准确地向客户指出双方讨论的关键所在，特别是客户对产品问题理解有偏差，文字无法准确形象地指出问题所在时，箭头的作用就体现出来了，一个指向就可以把问题解释清楚。

◎文字说明（文字工具）

文字工具经常是和箭头配合使用的，当我们用箭头做出指向后，还有必要做一些说明和解释，比如两种不同包装的比较，两款相似产品的细微差异，或者是标注型号、区分材质等，这些标注会让问题表述更清晰。

除此以外，文字工具还可以把文件里的标题、LOGO 等需要强调的地方设计出艺术字体，让其显得更有美感和层次感。

◎颜色

颜色指的是 PS 里可以任意地变换图片的颜色，更重要的是 PS 可以区域性地变换颜色，颜色的使用在开发过程中主要集中在满足客户对颜色的要求上，比如客户觉得产品不错，但是颜色想和他公司的 LOGO 一致，我们按照客户的颜色去打样时间来不及，也不现实，最方便的方法是用 PS 直接在产品图片上进行局部颜色的调换，让客户看看效果。局部颜色的调换需要将区域选择出来，再进行换色，可以用钢笔或者魔棒等工具进行选择。

◎背景

背景主要运用于的网络推广的产品上，当我们觉得产品图片的实景背景不理想时，可以更换一些更符合产品气质的背景，这里可以选择将产品从原始图片里“置换”出来，也就是 PS 常见的抠图，同样用魔棒或者钢笔工具将产品的轮廓勾选出来，反选以后置换出产品图片放到新的背景下。

◎ **去水印**

水印的作用是防伪，但是在实际的客户开发过程中，水印会泄露很多客户信息，所以去水印就显得非常重要了。去水印是 PS 里最强大的一个功能，比如当客户的图片里含有客户的公司信息，我们要将图片传给其他公司做修改，又想保护客户的信息，就可以使用仿制图章工具来去水印。反过来也一样，我们不想让工厂的水印被客户看到，也可以用同样的方法处理。

在熟练掌握这几个 PS 技能以后，就可以应付大部分客户的图片要求，但是这些技能是非常花时间和精力的，所以需要不断练习才能让图片看起来更自然。

二、视频

随着智能手机的普及，视频拍摄越来越方便，短视频软件兴起，我们不得不重视拍摄、制作视频。视频流行的主要原因除了人们希望获取信息和知识的方式更加立体之外，另外一个原因是单纯的文字、图片等已经无法满足快速获取知识的要求了。

我应该算是第一批用视频来推广产品的外贸人，那个时候 Youtube 还不像现在这么火热，我学习了客户的一个方法——将产品视频上传到 Youtube，同时在我们的自建网站上专门设立了一个栏目叫——Product videos，直接将 Youtube 的视频页面嵌入网站中。我甚至会在写开发信的时候直接将产品视频页面放在正文，这样客户可以直接点击观看视频，开发效果非常好，我们重点来看看视频的拍摄要注意哪些问题。

- 原创性：具有原创性与创造性，视频不要过于简单或者复制别人的想法；
- 拍摄计划：在开始拍摄之前要编写好脚本，创建镜头列表；
- 主题明确：可以在视频开篇或者简短介绍中，说明主题，突出产品的差异，引发客户好奇心；
- 注意细节：你的受众群体会密切关注视频的每个细节，所以一定要选择在专业的摄影棚或者背景前拍摄；

- 考虑音质：在拍摄或者采访时使用专业的麦克风设备；
- 设置灯光：为了避免素材曝光不足或过度曝光，请设置灯光并消除任何不需要的阴影，建议使用三点照明设备，从各个角度照亮拍摄主体；
- 使用三脚架：使用站立的三脚架或桌面三脚架，以获取更稳定的拍摄画面，让你的视频看起来更专业；
- 对焦：确保相机对焦，然后锁定曝光以使其保持对焦，注意保持镜头感光度适中；
- 三分法则：三分法则涉及将你的镜头水平和垂直方向分成三分之一，并将你的主题偏离中心，它创造了镜头中主体的流动性和生命力；
- 利用分镜头：可以分为整体产品展示画面、局部细节展示画面、远景展示画面，分开拍摄之后再合成；
- 优化视频文本：保持文本和标题的风格简洁、优雅和清晰，选择一个清晰、磅数大的字体，尽量精简文字数量，可使用字幕动画让观看者看起来更舒服。

如果在前期能够将这些拍摄技巧运用到视频的拍摄中，后期的视频处理也会更方便。

第三节 设计理念、风格和客户一致

我一直认为自己对于审美和设计是非常有想法的，对于空间中物品的摆放、色调、字体、线条都颇有研究，所以一直以来产品目录都是我自己做设计，大到品牌 LOGO 小到英文字体、粗细、透明度等都由自己操刀。

我第一次意识到中西方设计方面的差距是在我们做一个公司介绍的 ppt 时，这个介绍里需要包含公司实景、产品图、公司规划等，当我看到一个在欧洲留学数年的巴西人的设计以后非常惊叹，他没有专业的摄影设备，就简单地用 iPhones4s 手机就地取景，拍出来的公司实景，其角度、色调等都能无限提升公司的档次，很舒服、很自然，这种设计才是外贸需要的设计，可在国内几乎看不到。

再后来在和客户，特别是与美国客户的谈判过程中，设计的问题总是会拖延进度，原因是他们宁可把设计交给欧洲一个完全没有产品概念的设计公司，也不愿采用我们有多年产品经验，能最大化突出产品优势的设计模板。

在收到他们的设计图纸以后，我总会盯着看很久，看看到底差在了哪里，慢慢地我总能在细节的地方找出设计师的灵感所在，也能知道为什么我们的设计不被采纳。但是即使知道创意灵感以后也很难效仿。做过 ODM 产品的人应该能理解这个问题，西方人的设计在兼顾产品的功能性、实用性以外还会更加在意它的美感，一个毫无美感的产品问世，对于他们来说是不可接受的。这一点在乔布斯身上体现得淋漓尽致。

设计和美感通常左右着产品的未来，但是中西方设计上的这种差距并不是技术上的，而是人的审美差异，它们源自生活、观察、感受、研究和发现，简单地投入研发并不能解燃眉之急。于是，我开始教公司的设计人员什么样的思维是老外思维，他们的字体、颜色偏好，力求在设计理念、风格上达成一致。

第四节 用客户的审美来“武装”产品

在对客户的审美有一些自己的见解以后最重要的是要将这些想法融入设计和推广中去。如果自己建过网站就会知道国内的设计风格和国外完全不同，这就要我们把自己的审美理念有效地传达给设计人员。这些美感无法用简单的文字做描述，但是我们可以从一些常见的变化里发现。

一、头像或者图标的细微变化

我们拿苹果手机的通讯录图标来讲解一下美感，如图 7-1 所示。

图 7–1

从 iOS10 到 iOS13 的变化是由一个人的头像变成两个，又变回一个，不少人形象地调侃说 iOS13 的这个头像是 iOS12 的孩子。这三个图标的演变过程给人最明显的感觉是 iOS13 变得更简洁和清晰了，前两个图标是通过人物外形的轮廓和发型这两个有标识性的特征来明确地突出性别，但是到了第三个，他们没有刻意地突出性别，而是选择了一个有代表性的图标，非常有层次感，这个地方需要仔细体会。

这是美的体现，如果运用到我们实际的产品设计上，首先应该想到的是在公司官网、产品目录、名片等有联系人图标、人工客服图标、在线聊天工具图标等内容的地方借鉴此理念。

二、边框的美感

边框是很多人容易忽视的细节，但却是最能够反映设计美感的一个重要因素。我们拿大家熟知的 WIN98,WIN7 和 WIN10 这三个系统窗口的边框来做比较会非常直观地看出三个时期对于边框的不同审美。

如图 7–2 所示，WIN98 时期，边框较为生硬，线条都是“硬”线条，能够明显地突出边框功能选项，而在 WIN7 时期边框变得浑厚，特别是边框的边缘变得柔和，这是一种柔和的美感。到了 WIN10 很明显的变化是边框与弹窗接缝部分的线条变淡了，边框的融入感更强，而不是单独分离出来的一部分，同时功能键改成了嵌入式，而不是突出式。

边框的审美在产品图片上是可以得到充分体现的，同时，产品图片在各大网站的权重会随着图片本身的色彩、边框和设计感而变化，色彩、边框、设计越有美感，其权重会越高，同时产品图片的排位也越高。

图 7-2

三、颜色

颜色可以最直观地体现一个人的审美，外国人对颜色的理解远超我们，因为他们知道认识事物美感的基础就是颜色。一个主题的颜色可以影响到人的情绪、神经，所以有了暖色调和冷色调的说法。西方人开朗、大方，所以对活泼、生动的颜色更为青睐，这些从西方建筑外墙的颜色、服装搭配，甚至是涂鸦都可以看得出来。所以颜色更是文化、风格的表现，他们着迷于色彩斑斓，研究在不同的灯光下颜色的细微差异、不同背景下颜色的表现。所以我们更要注重颜色的选择和表现形式，让产品有足够的辨识度。通常来说颜色的选择最好能够围绕公司的 LOGO 进行，这样所有产品的图片、文件、设计等一系列与产品有关的颜色都可以与 LOGO 的主颜色搭配，而公司 LOGO 的设计多取决于行业本身的特征与气质。这样一来我们设计的颜色会跟行业的特征形成完美的呼应，其设计的美感就能充分体现。

四、字体

如果只是考虑邮件的字体，我相信大部分人都有自己熟悉的字体，因为在商务邮件上 80% 的人都习惯用 Times New Roman 和 Arial。这两款字体相对来说比较正式，就像楷体字一样给人刚劲有力的感觉，但是从设计的角度来看，并不是所有的字体都要非常正式的。比如以上两款字体用在产品目录的大标题上就显得比较生硬，换一款字体，标题的浓重感和立体感可以非常明显地展示出来。我们来介绍一下我认为比较适合用于设计的几款字体：

◎ Impact 字体

图 7-3 就是 Impact 字体，Impact 英文原文的本意为“冲击力、影响、碰撞”，

是一款能体现出力量和速度的词，Impact 字体现在已成为 PPT 设计、路牌指示牌设计、电影海报设计、影片设计里常用的字体。

图 7–3

在广告和海报设计图中使用上 Impact 字体时，其粗壮的字型即使在没有黑边的情况下也清晰易读，其无论何种题材、背景、颜色的图片结合起来都非常有存在感和冲击力，百搭的效果非常出色。另外 Impact 字体是一款西式的字体，这款字体有非常强的代入感。

◎ Verdana 字体

如图 7–4 所示，Verdana 字体也是一款比较常用的设计字体，是无衬线字体，由于它在小字上有结构清晰端正、阅读辨识容易等特征，在 1996 年推出后迅速成为许多领域人士爱用的标准字体之一。如果说 Impact 字体适合做产品目录的标题，那么 Verdana 字体最适合作为节假日向客户发送贺卡时使用的字体。

◎ Palatino 字体

Palatino 字体由世界著名书法家 Hermann Zapf 设计，如图 7–5 所示，这款基于威尼斯抄书员字迹风格的字体，看起来好像笔画不连贯，末端尖锐不够浑厚，但是我们细细体会这些尖锐的棱角会发现它们提供了视觉延伸的良好引导，同时在不同字号下保持该字体的优雅，使字形整体显得非常柔和。所以这款字体非常适合用在大篇幅文字描述的设计上，相对于 Times New Roman 这些传统字体，会给人眼前一亮的感觉。

Verdana.
It just works.
(but it looks better in Helvetica)

图 7-4

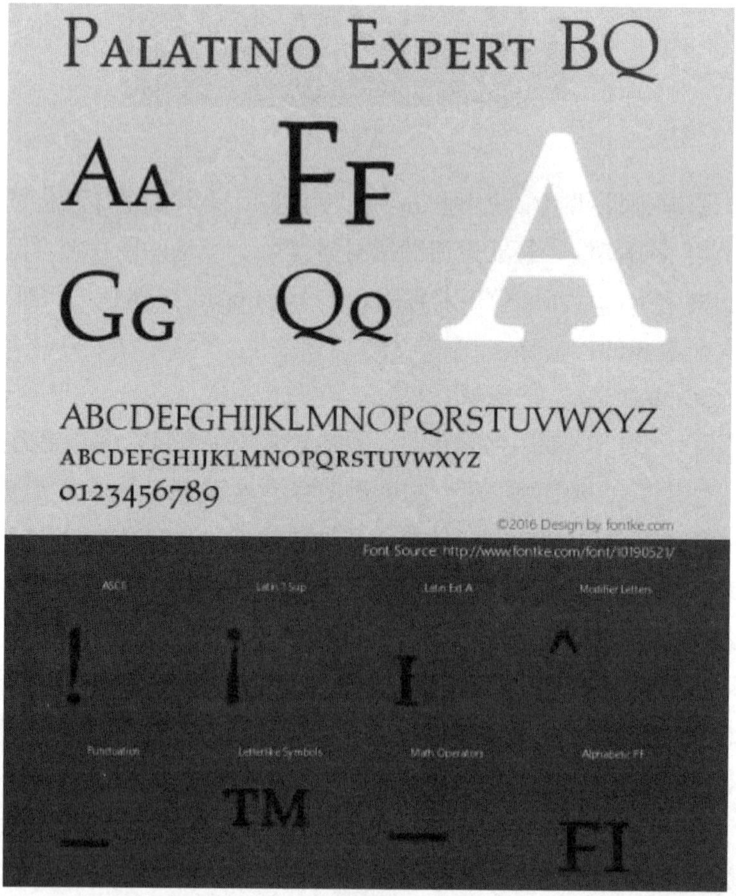
Palatino Expert BQ
Aa Ff
Gg Qq
A
ABCDEFGHIJKLMNOPQRSTUVWXYZ
ABCDEFGHIJKLMNOPQRSTUVWXYZ
0123456789
©2016 Design by fontke.com
Font Source: http://www.fontke.com/font/10190521/
TM
FI

图 7-5

除了上述字体以外，我个人也特别喜欢 Garamond 和 Georgia 字体。当然这些字体除了其自身有着非常出色的感染力以外，在做中英设计的时候，它们与中文搭配的整体美感也让人印象深刻。

第五节 搜索技能

搜索是外贸人必备的技能，特别是在互联网时代，搜索水平直接决定着开发客户的水平。面对同一个客户，有些人只能搜索到客户的名字、公司等信息，而有的人却能搜到客户的邮箱、采购记录、采购频率等。这些差距来源于搜索时使用的搜索工具、关键词、搜索结果的筛选和逆向思维能力，我们来剖析一下搜索这个技能。

一、搜索的关键词

随着互联网的发展，搜索更加便捷了，有了搜索联想功能、图片搜索等。同时随着信息越来越容易被展示，用户收到的垃圾信息也越来越多，所以各大搜索引擎开始保护用户的联系方式，有很多信息被隐藏起来。例如，用能够找到客户公司名称，但是相关采购人员的邮箱很难找到，这就导致搜索变得更加困难，这个时候我们搜索的关键词在原有的基础上也应该尝试做一些调整。

◎ 利用模糊词进行搜索

在搜索客户邮箱的时候，我们常用的方法是将客户公司名等已知信息全部罗列在搜索栏里，这样一来曝光次数最多的搜索结果会出现在最前面，那个信息是和客户最相关的，也是被搜索得最多的，其权重也较高，但是这个信息里可能并不包含客户的邮箱等有价值的信息，于是，很多人就认为客户的邮箱信息找不到，再加上客户公司的官网也没有邮箱的信息，就选择放弃。放在以前，我们用精确的查找方式，确实会让最真实有效的信息展示在我们面前，但是精确查找也会限制搜索的结果，因为精确查找出来的结果是偏官方的。我们可以采取模糊关键词的方法进行搜索，也就是反其道而行，不写全公司名，用简写或者公司名的部分词作为关键词搜索，这样一来我们会发现搜索结果里有很多不一样的信息展示出来，例如有多个类似的公司名，我们需要做的是快速浏览搜索的简介页面，通过行业的关键词找到和客户最相关的公司信息，这样得出来的结果会完全不一样。

随着数据的沉淀，搜索引擎会积累海量的信息，它们无法及时反映出我们想要的搜索结果，只会展示大多数人的搜索习惯，我们需要用模糊搜索的方法找出更多非官方的信息，再分辨出我们需要的邮箱信息。

◎ **想象搜索**

当我们用尽了各种方法，从各类信息里都找不到我们要的信息，可以用想象的方法去查找，想象客户在发布信息的时候会用到哪些关键词，再在原有的关键词上加上我们想象的词。

（1）邮箱后缀。在我们找不到客户公司邮箱的后缀时，可以想象一下客户私下可能会用其他邮箱 , 比如用 Gmail, yahoo, icloud 等，在原有的关键词上加上 @ 进行搜索，比如我们知道客户的名字是 David,Li，可以试着用 david.li@gmail.com 来搜索，在搜索的结果里寻找公司的产品关键词，最匹配的那个可能就是我们要找的信息了。

（2）职务职能。在我们知道客户的网站域名以后，大致可以猜到客户的邮箱域名，比如客户的邮箱域名里 abc.com，我们可以加上他们的职能，比如 sales@abc.com, sourcing@abc.com, ceo@abc.com, 这样一种职务的搭配会调取出很多相关的信息。

◎ **多平台、多引擎搜索**

当一条路走不通的时候，我们除了撞南墙以外，应该想想是不是这条路选错了。这句话放在搜索里同样管用，当我们用谷歌搜索不到客户的任何信息时，完全可以尝试用其他的搜索引擎，甚至是社交网站等搜索。这样尝试以后我们会发现不同的搜索引擎给出的搜索结果不一样，如果在谷歌里搜索不到任何信息，在必应里搜到了，我们可以抓取在必应里搜索的关键词，再回到谷歌里进行搜索，这个时候得出来的搜索结果会让人兴奋，因为多半会非常准确。

二、搜索的网站

在熟知了这些搜索方法以后，我们还应该知道哪里可以搜索，其实很简单，只要有搜索栏的网站都可以进行搜索，只是跟我们较为匹配的会是以下几个搜索网站：

- Google；
- Yahoo；
- Bing；
- LinkedIn；
- Facebook；
- Instagram；
- Twitter；
- Youtube；
- Vimeo。

上面的很多网站对外贸人来说应该不陌生，但是值得注意的是像 Youtube 和 Vimeo 这些视频网站很少有人会去搜索，但是这些网站上有很多公司发布的视频，一条私信可能就是一笔订单。

三、搜索结果靠后的信息也很重要

在我们有了合适的关键词，也有了搜索平台以后，还要对搜索结果进行筛选。实际的情况是很多人输入了搜索关键词以后，总会把目光停留在前排和前几页的搜索结果，因为这些搜索结果的相关性很高。但就现在的搜索引擎排名规则，我们在重视前几页信息的同时也要适时地对后面几页，甚至是几十页的搜索结果进行查看，这些结果呈现的信息可能不如首页的集中，或者是公司的实力不如首页的高，但用长尾的理论来看待这个问题，靠近后排的客户定位可能更准确，信息也会较真实，对于客户开发来说是一个可以突破的区间。

第六节 数据分析

“不识庐山真面目，只缘身在此山中”，这句诗最能反映对于数据没有敏感度的业务员的状态——做任何的决定都好像没有方向，不知道该从哪些地方做调整。如果我们学会了数据分析，对同行、对自己、对行业都有一个大致的了解以后，做决定的时候就会更准确。数据分析中一项非常重要的技能，主要表现在它可以及时准确地找出公司信息在各大网站的曝光情况，公司网站的质量水平、公司信息的传播维度等。

一、网站数据分析

目前，各大 B2B 平台都会对店铺的数据进行统计分析，分析出不同店铺中产品的曝光量、点击量、询盘量，还会将这些数据和同行业平均水平进行对比，这是数据分析的一种，它的数据仅仅取自沉淀在该平台内的数据。

真正善于做数据分析的人，会分长期和短期两种维度进行数据比较，因为任何一个变化都需要一定时间的积累和沉淀——比如新品上市，从产品上市到热销再到产品正常化营销所表现出来的数据是不一样的，以 3 个月为限来看，大多数产品 3 个月都没有明显的反馈，这种情况下，许多人开始怀疑产品本身的热度，其实不然，在 3 个月时间里只要产品被正常曝光和点击，推广的作用已经达到了，我们要做的是为热销期的到来做好准备，这是短期数据的分析。通过长期数据的分析我们应该得出这类产品在哪些国家、哪些地区受欢迎的程度比较高，这些客户通常是在什么时间点进行询价，在每年的哪个季节比较活跃，返单的周期和返单量大概是多少。这个长期数据的分析会让我们对该产品有一个全面的认识，方便后期新增产品线、调整产品周期，以及在目标市场推广。

数据分析除了让我们在产品销售策略的判断上更准确以外，还能帮我们做好预算计划。我们都知道开发客户一个很重要的环节是推广，在推广方式的选择、推广费用的预算上很多时候是无法凭自己的经验决定的。比如线下展会的选择、线上谷歌推广地区的选择等。有了长期的数据分析做基础就会明显不同，在哪个国家参展，参加什么展会，谷歌投放的金额、地区、时长等都是可以通过数据做决策的。数据分析不仅仅是管理人员应该掌握的技能，也是每个外贸人必须掌握的技能。

二、网站排名分析

在 B2B 平台让询盘变得更容易以后，很多人对于自建网站的打理就显得很随意了，确实 B2B 平台占据了绝大部分流量，但是自建网站的效果也不能忽视，如果打理得好，自建网站里获得的询盘量完全不逊色于付费 B2B 开发方式。自建网站除了要进行网站的更新和维护以外，数据分析也是一个重要的工作，因为它能够让我们找到与竞争对手的差距。

大多数人会用后台工具统计自己官网的访问数据，但是要和其他网站进行对比就无从下手了。如果我们知道竞争对手的网站域名，是可以通过网站排名工具轻松进行对比的，这里就要提到一个强大的排名分析网站：Alexa.com。

我们把苹果的网站 apple.com 输入搜索框里，

“https://www.alexa.com/siteinfo/apple.com”，会发现关于网站的数据，如图 7-6、图 7-7、图 7-8 所示。

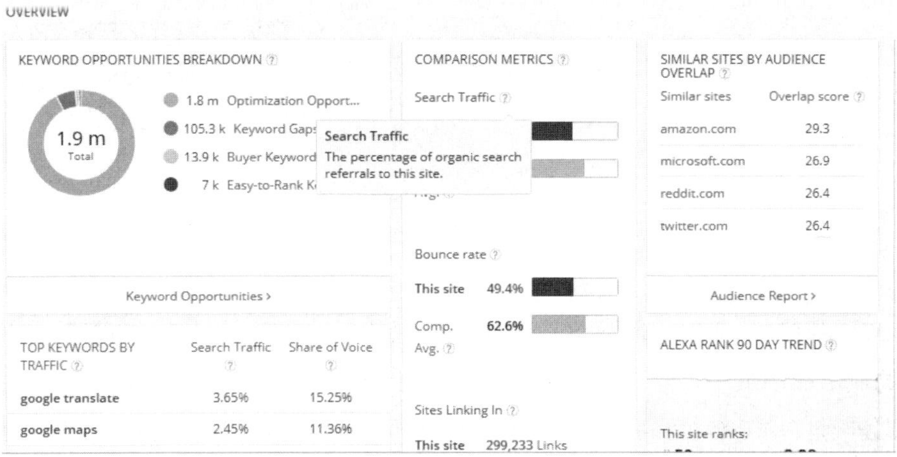

图 7-6

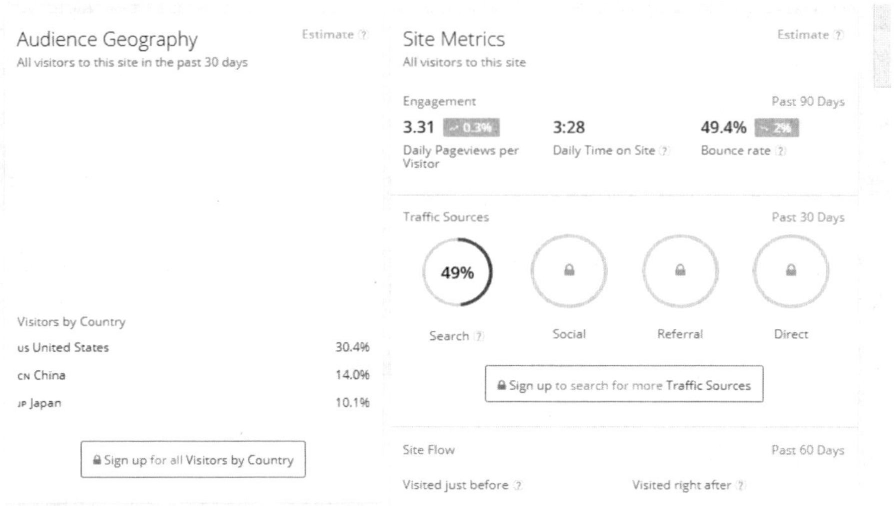

图 7–7

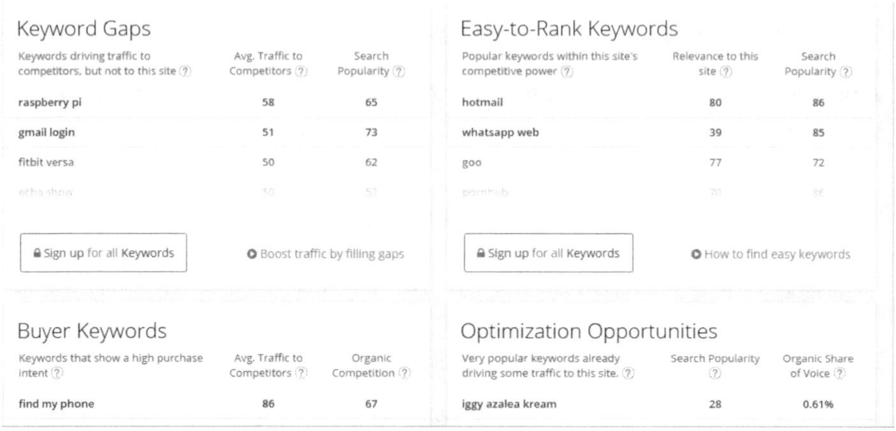

图 7–8

公司网站的概况、网站的竞争对手、网站常用搜索词、目标市场等分门别类的显示在网页中。这个网站强大的地方在于将每一个有效域名的所有网站的数据进行自动分析。当我们把网址输入搜索框里，自建网站的各个维度、网站整体排名、影响力、传播、搜索等各个方面的信息都会被全面的剖析，这样一来我们可以根据网站反馈的相似网站找到优质同行，借鉴其网站内容，提升自身网站的权重。

三、谷歌趋势

谷歌的强大不言而喻，因为在这个搜索引擎上，它沉淀的是全球的搜索数据，而谷歌趋势（Google trends）是在这个数据库里进行自动分析得出的结论，所以它的参考价值是非常大的，在这个网站上，几乎可以见证所有行业的兴衰过程，它的强大是需要仔细体会的，我们就从几张图片来看看它到底是在哪些方面让数据分析变得这么有魅力。

- 首先，我们输入 led light 这个关键词，会得出如图 7–9 所示的结果。

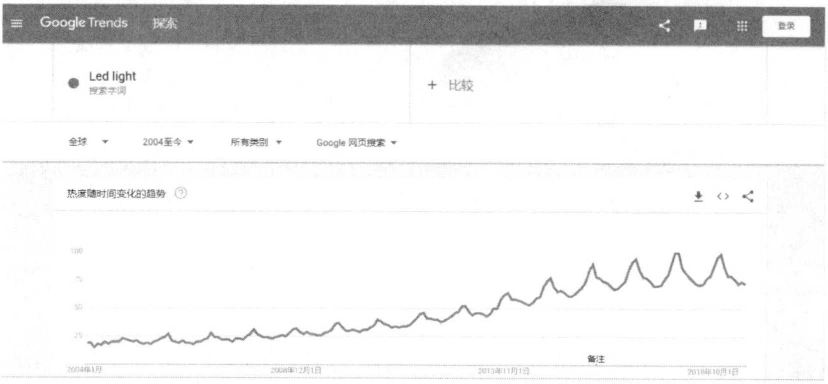

图 7–9

- 在这个结果下，我们可选的选项有很多，比如我们可以选择不同国家（地区）或者选全球，如图 7–10 所示。

图 7–10

- 同时我们可以选择时间段，若我们想看看一个新的行业是否有机会可以将时间跨度拉长，比如 2004 年至今；若我们想对产品的近期表现做一个回顾，可以将时间跨度缩短，比如过去 12 个月，如图 7–11 所示，毕竟总有一些人在询盘量出现下滑的时候怀疑到底是行业整体出现问题，还是自身的推广力度不够，这个数据可以说明一切。

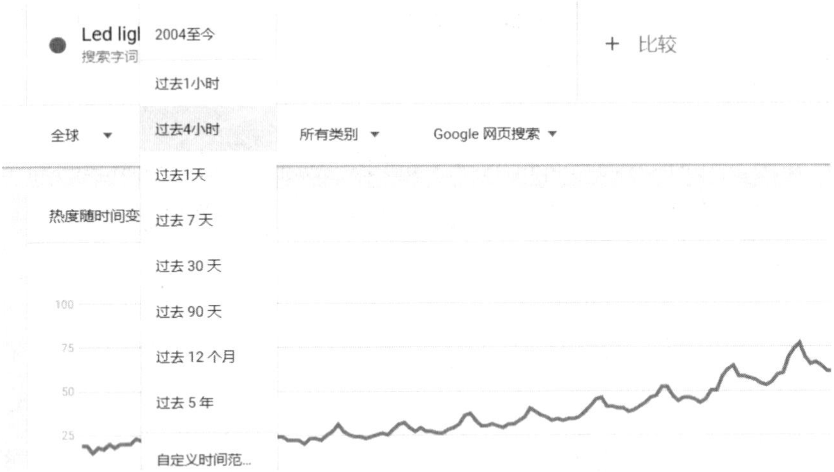

图 7–11

- 在我们对产品的目标市场不够明确的时候，还可以通过对区域图的分析得出一些参考数据，颜色越深，热度越高。
- 当我们在抱怨行情变差，而别人却说自己赚的不亦乐乎的时候，我们可以试试对比的功能，比如我们把 smart phone 和 razors 加入对比列，结果如图 7–12 所示，可以知道别人是不是真的在赚钱，因为数据不会说谎。

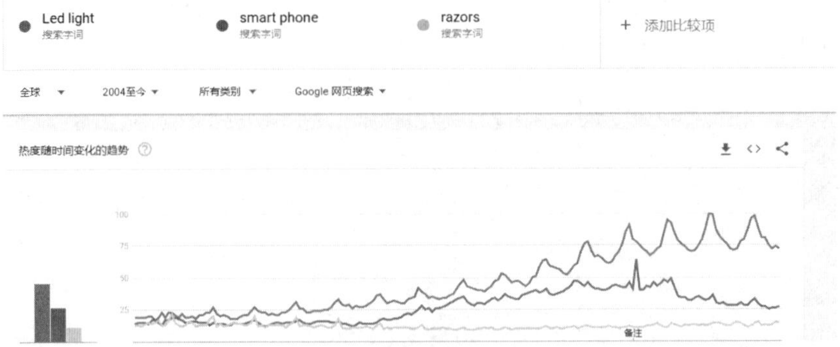

图 7–12

面对当今的外贸形势，各个行业的变化正在不断加快，我们要灵活地运用数据分析才能够做好预防，并及时调整。

第七节 心理分析

越来越多的外贸人开始寻找客户谈判中的细枝末节，开始重视客户心理分析。要想做好开发，心理分析应该成为外贸人的一个基本技能，这个技能不同于其他技能可以学习和借鉴，它更需要我们用心揣摩反复思考。这个技能也是最有价值的，当我们熟练运用这个技能以后，在生活、工作的各个方面都能够事半功倍。

心理分析是一项高级的技能，它要求我们通过一个符号的变动、一个语气的加强和减弱、一个表情的变化判断出客户内心的变化，从而判断客户接下来的动向，提前做好准备，以应对各种局面。我们从最常见的客户行为总结一下大多数客户的心理变化。

一、判断客户的采购意向

"这个客户到底想不想买"，很多人在谈判的过程中会问自己这个问题，原因在于和客户的沟通始终无法进入实质阶段，心里难免会有一些疑问，而对客户的心理进行分析是可以判断出客户的采购意向的，心理分析贯穿整个客户开发过程，而且需要不断肯定和推翻。随着谈判的深入，我们可以发现客户的采购意向越来越清晰。

◎ 对开发信、报价回复的时间越及时，意向越强

无论是我们主动发的开发信，还是 B2B 询盘中我们的第一封报价，如果客户收到以后就立刻做了回复，其采购意向较强。原因很简单，在看到了感兴趣的或者价格水平合适的产品以后，客户会忍不住想去获得更多的信息。

◎ 在二次报价以后，客户仍有回复

二次报价指的是在初步报价以后，客户对产品提出了一些要求，我们需要针对客户的要求进行二次报价，这个时候如果客户不提价格，仍有回复，我们心中可以给客户的采购意向加分。原因是二次报价是包含客户的实际需求的，这个报价以后，客户大概可以判断出我们的价格水平，如果他仍有回复，从心理上来看他可以接受我们的价格水平。

◎ 前期沟通频繁，久问不答以后突然发问

我们会碰到这样一种情况：前期和客户保持着比较密切的沟通，突然客户消失了，无论怎么跟踪询问进展，客户都没有任何反馈，突然有一天他主动地询问了产品的某个细节。这个时候客户的心理比较难以琢磨，但我们又可以对其采购意向加分，原因是前期有良好的沟通基础。在这个基础上客户选择避而不答，原因多在客户自身，他可能在清算库存，可能在寻找进口代理，可能在和原有的供应商做协调，而一旦重新恢复了沟通，很有可能是他从各方面都做好了准备。

◎ 样品反馈平平

样品是试探客户心理的一个重要工具，如果我们的样品发出去以后，客户的反馈平平，很可能客户是接受产品的，他只是想在后期的价格谈判上争取一个好的价格，所以要针对客户的反馈做详细的回答，不能因此表现出灰心丧气。

◎ 提到 LOGO 等设计问题

设计问题反映的是客户对其品牌推广的重视，但同时设计也会将客户信息展示给供应商，一旦客户将设计的想法甚至是图稿发给我们，他们已经从心理上卸下了信息保护的包袱，采购意向又可以加分。

二、判断是否被客户看作备选

客户在采购的时候通常会在几个供应商之间进行选择，他会习惯性地选择三家供应商进行对比，通过对比他们能了解行业的价格水平、质量水平、交货期等信息，最后他们会综合考虑供应商的潜力、自己的实际需求，供应商的配合程度等因素来决定选谁。当然我们在做开发的时候没有必要去担心客户的其他供应商，有条不紊、不卑不亢地做好自己的工作就足够了，但是有时候若我们能够知道客户是否将我们当作备选，对于谈判力度的把握会更好。下面看看从哪些方面判断我们是否是备选。

◎ **自己报价频频，客户却没有任何评价**

发完开发信以后，客户的回复是让人感到欣喜的，但是很多人会碰到一种情况，客户一直在各个产品之间寻求报价，或者是一直在询问最新的报价单，这类客户的意图很明显，他有稳定的供应商，但还是想从我们的价格上来判断他现有供应商的价格和利润水平。这个时候我们想人为地推动客户的采购进程是比较困难的，只有等待机会，让客户愿意将零散的订单安排给我们，通过这些边缘化的合作慢慢地转入正式的合作，欲速则不达。

◎ **填表、公司信息录入**

除了大买家以外，越来越多的买家会要求我们填报相关的表格，了解工厂各方面的信息，以便建立自己的供应商库，方便供应商查找和数据存档。这也是明确自己是备选的一个信号之一，因为他们会登记录入不同的供应商。

◎ **回问客户信息时，客户没有正面作答**

客户通常对产品有特殊的要求，希望我们在这些要求下报价，但是伴随着特殊的要求，我们也会反过来询问客户更多的相关信息，如果我们被当作备选，当我们询问信息时，客户很可能不会做正面回答，或者是干脆不回答。其实客户会接触各种信息，应接不暇，当我们在初期阶段询问他更多信息时，他们根本无暇回复，或者因为在众多的供应商中我们不是首选，所以冷落。

◎ **PI 发送以后，客户无回复**

还有一种情况：双方前期沟通正常，每个环节都进行了确认，但是客户在情感上对我们没有太多的依赖，我们提出异议或者是建议的时候，客户非常冷静，不愿意做过多评价，PI 发送以后就没有回复了，问其原因，客户会有各种理由。这其实也是被当作备选的一个信号，我们之所以能和客户保持正常的沟通是因为我们属于备选的前二或者前三，客户和首选供应商一直保持着紧密的沟通，而我们提出的建议和异议他也会向首选供应商确认。这个时候我们要做的是保持心态平稳、等待机会。

三、判断客户的下单时间

在和客户的沟通过程中不能太直接地问他们什么时候下单，毕竟即使客户答应了下订单也会有变数，更何况在谈判的前期一切都是未知数。但是下单时间的预判是很重要的，错误地估计了下单时间，对于客户谈判进度的把握会出现问题。我们来看看有哪些心理分析的方法可以判断客户的下单时间。

◎ 初始询盘的有价值内容少，下单时间会很长

一般情况下初始询盘里有价值的内容越多，比如询盘里就包含具体的数量、包装、要求等，下单相对来说会更快，反过来如果询盘里有价值的内容较少可能就要做好长期开发的心理准备了。

原因其实很简单，要求详细，有的供应商达不到要求，自然而然就会被过滤掉。从客户的心理进行分析，他们能够把详细的要求直接放在询盘里，也是性格直爽、雷厉风行的表现。在后期的谈判中他们会更加注重效率，所以下单的时间会较快。反之，如果询盘中有价值内容的较少，谈判的周期会较长，因为后期他们会围绕产品的各个问题逐个地进行深入了解。当然也会有例外发生，那就是客户倾向于在线的沟通，在很短的时间内将所有问题讨论清楚，这种情况会缩短下单的时间。

◎ 附带具体的图片或者产品样品来询价，下单会较快

这种情况大多数是客户在同行那里找到了热销的款式，所以他的要求会非常具体，只要确定是他所要的产品，就会立刻确定订单。我接触过的这种类型的客户很多，印象最深的是一个荷兰客户，在通过图片确定我们的产品就是他所需的产品以后，大概 5 封邮件就直接打全款了。

◎ 进入正常谈判节奏以后，回复的频率越低，下单时间越长

进入正常的谈判节奏以后，客户的回复变得很慢，以前每天都有回复，现在变成了 3~5 天才有一次回复，但是回复的内容仍然很有价值。这个时候应该意识到下单的时间会比较长，不用经常催客户，不用要求他及时回复，适应客户的谈判节奏。

CHAPTER 8

第八章

同质化时代外贸的“夺单利器”：服务

随着行业的发展，一款产品的火热会带动一批供应商的崛起，同质类的产品琳琅满目，价格区间、质量等看起来比较接近。如何让自己的产品脱颖而出，成为每个人绞尽脑汁想解决的问题，归根到底服务才是“夺单利器”。

第一节 外贸的突破口在服务

我简单地将外贸划分为 3 个阶段，这 3 个阶段伴随着 3 个重要的关键词，很多人在对的时候找到了突破口就把握住了机会，这3个关键词分别是：产品、推广、服务。第一个阶段，只要我们有优质的产品，就不愁产品卖不出去，会有相关的行业买家主动找上门，这个时候卖方相对来说有更多的主动权；只要产品价格合适，质量有保证，能按时交货就能维持较为稳定的生意。很多外贸老板的原始积累都始于这个时期，这个时期，只要在语言上有优势，熟悉外贸的基本流程，能找到合适的工厂，外加勤奋就可以做出成绩来。

第二个阶段，随着外贸行业的火热，自营出口变得更加便利且利润可观，所以内销大量转外销，外贸竞争开始变得激烈，除了有好的产品以外，还需要做必要的产品推广，让产品出现在更多人的视线里，所以这个时期的关键词是推广，谁在推广上抢到了更好的排位，谁就能获得更多的流量，获得订单的机会就会大大增加。这个时期善于推广运营的人抓住了机会，通过推广和运营，他们获得了更多的询盘机会。

目前，前两个阶段已经是过去式了，新外贸时代到来，也就是第三个阶段，其关键词是服务，产品和推广都做到顶级了，但是放眼望去，同行业中竞争者比比皆是，同质化严重，只有在服务上提升才能获得更多客户的青睐。

我们回过头去看看在第一个阶段和第二个阶段崛起的外贸人的现状，第一个阶段的外贸人还处在产品打天下的时代，对于互联网的技巧、法则都是愿意接纳但是持怀疑态度，他们更偏向于朋友之间介绍生意，因为他们认为口碑的传递才是生意的精髓，并乐此不疲地追逐对产品的精益求精。当行业的第二梯队甚至是第三梯队的市场份额都快速超越自己时，才开始意识到光靠产品已经不够了。

第二阶段的外贸人享受了互联网的便利，在产品的基础上又融入了互联网的思维，了解互联网的生存法则，善于做推广，对公司和产品的包装也做到了极致，一个个的爆款产品让公司持续保持较高的流量和排位，为了保持住产品的流量，他们从各个方面提升产品的权重，随着竞争者的涌入，流量的价格一天比一天贵，但是流量、爆款只是解决了业务的源头问题，用重金吸引了流量，但无法将流量转化成订单让很多人感到困惑，一边维持着高额的运营费用，一边利润空间一点点地被压缩，举步维艰。

到了新外贸时代，除了产品、推广以外，服务才是关键。

一、为什么是服务

在和客户做价格谈判的时候，很多人习惯性地把话术从人工成本上涨、汇率损失、原材料上涨这些方面转向服务更好，有这样的意识能够让客户有不一样的认同感，原因是相比可以计算出来的成本和价格，服务是无价的。

◎ 服务更加符合客户的采购要求

时至今天，仍然有很多客户告诉我："我在和有些公司业务员沟通的时候，他们根本不知道我想要什么，语言交流是一个方面，这不是大问题，哪怕他们用谷歌翻译都可以，但是关键问题是他们不是 Mind reader（能看透他人心思的人），我想了解 A 就给我 A，从来没有想过是不是有比 A 更好的选择，这是让我最无法接受的。"其实真实原因是他们并没有服务思维，有了服务思维他们会主动思考到底有没有比 A 更合适的选择。

那么怎样才是客户所认为的服务思维呢？我们来看看我亲身经历的这个电梯故事，也许大家可以对服务理解得更深一点。

我的办公室在 6 楼，有一天下班进电梯，里面有一个外国小伙子戴着耳机闭目养神很悠然地听歌，我关上电梯门看也没看就随电梯下了，以为都是到一楼。结果到 3 楼还是 4 楼时电梯门开了，老外出去了，但我余光感觉他出电梯门时动作有点不一样，当我准备按 1 楼时，发现 1 楼按钮灯已经亮了，我猜是他出电梯门时随手帮我按了 1 楼，这是我第一次遇到这种情况，瞬间我对这个外国小伙子肃然起敬。我想了想，如果这个老外是我即将要选择的供应商之一，我一定会把订单下给他，这就是服务。我们用这个服务的意识回想以往开发的每个客户会发现要提升的还有很多，毕竟这个外国小伙子的服务已经是一种习惯，而我们的服务多少还有一些利益的驱使。

◎ 服务创造的“无形”附加值解决了部分价格谈判的问题

服务所创造的“无形”价值是无法用金钱衡量的，因为它往往带着一些让客户无法用言语描述的感动，这些感动是远远超出开发本身的。比如在样品上很多公司要求客户必须出快递费，而客户公司也要求必须由供应商承担所有样品相关的费用，若我们十分相信客户的诚意，可以自掏快递费让客户如愿收到样品，这里的附加值是首先打破了陌生人之间互相不信任的障碍，甚至打破公司常规，我们可以把它称之为服务，这样的服务精神会给后面的价格谈判打下好的基础，或者说客户会因为我们的服务态度重新衡量产品的价值。

◎ 服务能力适应客户多样的采购需求

随着行业的发展，我们发现客户的采购需求越来越多样化了，他们从原来的单品采购变成多品种、多批次采购。这样的变化对我们的服务能力提出了更高的要求，那就是除了精通自己的产品以外，也要能够处理好客户在中国对其他产品的采购需求，甚至是接受其他产品采购的委托，具备寻找合适的供应商、安排运输、付款等一系列的综合服务能力，因为当你有了这样的服务能力，就会有绝对的竞争优势。

二、什么是服务

很多人会用服务向客户做出承诺，但真正理解服务的却少之又少，外贸的服务包括：

- 在开发过程中表现出积极主动的心态，想客户所想，忧客户所忧；
- 有解决客户一切困惑的能力和耐心；
- 有克服公司内部一切阻力和障碍的能力；

- 能解决生产端所有的突发事故及对质量进行全面管控；
- 能同时承受公司和客户的双重压力和责备；
- 及时、认真做好售后；
- 能忍受孤独。

每一笔订单做到以上几个内容，服务才算合格，所以真正服务好一个客户是会让人筋疲力尽的，如果没有这种感觉，说明服务不到位，或者和客户还只是泛泛之交。

我们来看一个案例，感受一下服务的力量。

客户在官网找到公司的 SKYPE 添加页面，先后添加了 A 业务员和 B 业务员。从生意的惯例上来讲，客户先联系了 A，他对于 A 的印象是要深于 B 的，但是最后客户却把订单下给了 B, 事后内部沟通下来发现客户问 A 和 B 的问题基本上一样，那么问题出在哪里了？服务态度。

A 的回复过于生硬而且语言缺乏互动，让客户认为沟通起来有距离感，在几个关键或者技术性的问题上，A 无法及时准确地做出回复，客户就没有耐心了，毕竟客户完全有理由选择他认为沟通方便，服务态度好的人。

B 业务员回复及时，语言铿锵有力，对技术问题有深度理解让客户觉得非常信赖，同时客户担心运输方面的问题，B 业务员也主动地提到可以帮助安排货代、保险等解除他的后顾之忧，客户自然愿意把订单交给 B。甚至到了最后客户坦白说，我联系过你们公司的 A，但是我还是希望订单由你来处理。谈判内容一样、回答内容也大致相同，但客户最后却把订单给了 B，只能是服务的差别了。对公司来说最幸运的是客户是同时联系同一家公司的 A 和 B，订单才留在了公司，要是客户联系的是不同公司的人，结果就可想而知了。

这只是从服务态度和专业能力方面对服务做解释，也是最基本的服务，真正的服务远远不止这些，它会让客户感觉到一切都被安排好了。

三、服务不等于一味妥协

有些人错误地理解服务，认为服务就是满足客户的一切要求，所以对客户有求必应，一味妥协，这会造成很严重的后果，在客户方面，让客户认为我们不自信，同样我们会因为招架不住客户的谈判“攻势”，一而再再而三地向公司申请最好的条件，没有更好的条件就开始有各种抵触情绪，厌倦开发、埋怨公司等。

这不是服务，这只是选择了一条最省事的服务方式，有求必应只是让客户感觉到这家供应商好说话，容易谈，并没有服务到他心里，始终和客户有距离感。之所以和客户有距离感就是因为在沟通过程中客户始终无法敞开心扉告诉我们他的担忧和困惑，所以我们反过来理解他为什么无法敞开心扉？原因可能是担心敞开心扉以后，站在大洋彼岸的我们会将客户的心里话视为突破口；或者担心因为暴露了自己过多的信息，让他处于尴尬的处境；或者客户生性谨慎；或者是邮件同时抄送给了他老板或者下属，他想表达但不能带有自己的私人情感等，还有很多无法用言语描述的原因。

当感觉我们已经做出了很大的让步了，客户还是步步紧逼时，不妨试试找出客户心里在担心什么，而交心最管用的方法是自己主动地做出解释——公司内部的想法，公司对客户的想法，自己心里的想法。我们会发现这是一个引子，会引出客户的想法。

第二节 如何提高服务意识

服务意识的培养是最难的，因为它要求我们能够比其他人看问题更深一些，考虑事情更周全一些，担忧的事情更多一些。当我们在这三个方面做改善以后，会提高服务意识。

一、观察

观察是建立在有常规谈判基础之上的，知道大概的谈判流程和客户可能会问到的问题。例如，一旦新的客户有了新的问题，我们就要做好标记，这一个新的问题可能就是突破口，是客户当前困扰的一个问题；或者是对客户某些语气变化的甄别，比如当客户用到 please，to be honest, frankly speaking, looking forward to 这些词和词组时，他会开始坦诚地表达自己遇到的困难和问题，这些词较为明显，还有一些较为隐蔽的词是用在具体的细节上的，我们要能通过这些词判断出客户对这个问题的重视度，然后做出积极的反应，打消他的疑惑、建立产品的信心；或者是通过客户的一个表情、一个拟声词，判断出他可能开始认真地对待我们了；又或者通过客户由在线沟通转为电话沟通这一变化客户对于某个问题非常关切。

举个观察的例子，在客户来访时，观察能力起到的作用是非常重要的。一群客户来访时他们有时候会忘记做介绍，特别是职位的介绍，而这其中非常健谈的人不见得是最终能拍板做决定的人，他很有可能只是一个销售或者是产品技术人员，不善于观察的人会冷落旁边一言不发的负责人。由此可见，观察的目的就很重要了，它是为了发现谁的眼神镇定有气场，找出这个人，并在做公司介绍的时候用眼神和这个人时不时地交流，会有意想不到的效果。是的，我们大可以大方地向客户索要名片、主动要求客户做介绍，这是商务礼仪，无可厚非，但是有很多情况是无法完成或者不方便完成商务礼仪的，我们要通过观察不失礼貌地寻找突破口。

观察的习惯养成了，我们就会条件反射地察觉到一般人观察不到的细节，而这些细节才是高手过招时制胜的关键，所以当你真正学会了观察，慢慢地你会发现原来以前没有注意到的细节太多了，而高手们正在这些细节上做到滴水不漏，留意他们观察的思路、观察的点，这个时候你的服务能力会产生质变，也许你进入一个会议室，仅仅从客户座位的分布或者面部表情就能知道谁是负责人。

二、“饥饿感”

饥饿感指的是手上并没有非常充足的客户资源，所以迫切希望碰到客户，而这个时候一旦有一个优质的客户出现，我们就会本能地发挥所有的主观能动性、想象力，换位思考，长期的饥饿感会让我们迫切地想要拿下客户。同时也因为有足够的时间去思考客户，能够瞬间地提升我们的服务品质。

饥饿感的好处是在“久旱逢甘霖”以后，我们会更懂得珍惜客户，发挥出自己都无法相信的潜力去克服万难。服务好每一个客户，事后总结的时候才会发现，原来我的服务能有这么好。

三、经历失败

很多人不知道服务应该从哪里着手是因为没有经历过足够多的失败，正常来说公司是不希望看到有客户丢失的，但是从每个人的自身发展来看，失败是非常有意义的。每一次失败都可以让我们很清晰地知道在这次谈判中哪些地方没有做到位，在哪个问题上对客户的要求没有做确认，哪个环节上疏忽了客户的要求，那么下一次我们的服务会随着这次的反省与思考变得更好。在对问题沉思过、反省过后，下次遇到同样的问题就会知道该面对什么、该避免什么、该侧重什么、该减轻什么，自然而然的服务意识会随之提高。

第三节 情商与服务

服务的最终目标是让客户感觉舒服，认为选择这家供应商合作起来非常轻松、放心，而情商高的人更容易找到方法让客户感到轻松自如。

一、语言谦逊且不失专业

服务最直接的表现是在语言上，客户可以从语言上看出我们的文化水平和素养，在语言上最好的体现高情商的方式是保持谦逊并且不失专业。越是经验丰富的客户，越是知道低调和谦逊的可贵，而专业配合上谦逊是最让客户舒服的。

二、给客户创造更多的决策权

生意最终是由客户来买单的，所以在解答客户所有的疑惑以后，要学会适当地给客户更多的决策权，也就是要重视买家的身份。有些人可能心直口快，在客户犹豫的时候喜欢帮客户做决定，决定本身是没错的，但是如果把决定权交给客户，情商的价值就体现出来了，我们要充分相信客户的判断能力，要给他做决定和发表意见的机会。

三、给客户赢的感觉

无论是在价格、付款，还是交货期等方面，大多数时候客户都是遵守卖方公司的规定和要求的，如果我们善于运用委婉的表达方式去要求客户通常也没什么问题，但是想让客户感觉更舒服，就应该适时地让客户有赢的感觉。在价格上给予他一些优惠，在付款方式上做一些让步，在生产排期上做一些优先都能让客户感到更舒服，认为自己的意见得到尊重。

四、牢牢抓住建立深度信任的机会

在开发过程中任何一个看似无法解决的问题，都会历经这个过程：产生分歧—僵持不下—冷战—寻求解决方法—认同解决方法—合作。这个过程中情商最能发挥作用，出现问题了，双方都会有一些情绪化的表现，但是作为卖方的我们应该懂得第一时间忘掉这种情绪，将眼前的困难看作是加深彼此信任的机会，并且化解掉客户的情绪，回归到工作上来，这就是服务。

五、制造惊喜和远超预期

在开发的过程中，每个人都应该能觉察出客户的细微变化，可能是一丝无奈、一丝怨言。在觉察出这些变化之后我们应该想办法帮客户消化掉这个情绪，不然情绪积累到一定的程度可能会导致客户的一次大爆发，这是不划算的。最好的办法是制造一些惊喜，无论是生活中的小礼品还是实际订单中的优惠都可以提前化解掉这些不愉快。除了极个别国家的客户会因为一次失误就大爆发以外，许多国家的客户会因为这些惊喜而忘记不愉快的事情，所以发现问题并及时做出应对也是高情商的体现。同时，面对部分做事严谨、中规中矩的客户，我们应该想办法做到远超他的预期，让他知道在严谨的基本要求之下，我们追求的是更高的标准，让他感受到服务的魅力。

六、不轻易放弃

每个人都会受到冷遇，这是外贸人每天都要面对的事情，很多人太执着于自己的努力一定要得到回报，所以对于冷遇比较难接受。高情商的人会把每一次的冷遇当作客户的一次考验，等到各项考验都完成了，合作自然就来了，所以只要不放弃，试着换一个心态，会发现客户的另一面，机会自然就来了。

七、考虑问题全面周到

要做好服务，我们自身的知识储备和技能储备是要远远多于客户的，任何事情都要想得全面和周到，要学会在每个问题上多联想一些衍生的问题，因为客户的想法是很难预料的，试着站在客户的角度去想象产品使用的各种场景，设想可能遇到的各种问题，而越早解决这些看似不着边际的问题，面对客户的时候就越从容，这是非常考验情商的。

第四节 服务与专业

专业是服务的基础，脱离了专业，服务只是纸上谈兵。有些人认为只要满足了客户的要求就是做好了服务，甚至仅仅将服务理解为售后服务，这都是不对的。服务建立在专业的基础之上。

无论是开发技能还是维护技能，最终都是服务于客户的，而专业的知识才是拉开不同供应商之间差距的关键因素。简单来说开发信书写、标题字体签名、样品挑选、报价单制作、产品包装、产品认证、生产质控、成本核算、货代及运输、报关清关等每个环节都可以做到专业，这份专业是服务客户的基础。打个比方来说：目前有很多新客户并没有行业的相关知识，也不知道贸易术语的差别，但是他们懂得计算采购的总成本，我们的专业体现在哪里？复杂的贸易术语不能对生意有任何的促进作用，反倒会因为生涩难懂让客户望而却步，所以专业的人应该用最通俗的语句告诉客户国际贸易的实质——商品的流通，在商品的流通过程中要注意的是货币（付款）、运输、成本、检验、通关。这样一来烦琐的流程到了客户那里就只剩下付款这一环节了，因为其他都可以交由代理来做，重心又重新回到了产品本身。专业不是指故作高深，而是把别人看不懂的内容消化和处理成别人能听懂并能体会其魅力的知识，让更多的人愿意学习这些专业知识。

服务在讲求专业的同时更要注重不偏不倚，很多人为了获取订单不择手段，为了将产品销售出去做出不切实际的承诺，这是非常不可取的，每一个不切实际的承诺换回来的是客户的反感与憎恶，最后破坏的是整个行业的口碑。

第五节 服务与订单

服务是订单的催化剂，服务做得够好，订单就会有条不紊地推进，还没等到我们催单，客户已经发采购订单了。

当你在材质上满足了客户的要求，实现客户在印刷颜色上的特殊要求，帮客户找到了海外的代理，确认好了门点费用，设计好他的品牌 LOGO，解决了付款方式的问题等，我实在想不出客户有什么理由在订单上做拖延，事实上当我们解决了客户 80% 的棘手问题时，他会按捺不住想要下订单，所以最有价值的服务应该是让客户感谢的服务，这样才说明我们在整个订单中起到了非常重要的作用，客户对我们产生了依赖。

第六节 服务是有价的

同样的产品，为什么别人的价格更高，但是更受客户青睐？原因就是服务。

事实上有很多的产品已经逐步走向了透明化，客户对产品的成本、工艺、价格、利润等各个方面都了如指掌，他们可以轻而易举地找到物美价廉的供应商，但是正因为行业的成熟衍生出了一系列服务型的公司，这类公司更受欢迎，因为他们销售的产品就是服务。客户愿意为服务买单，随着各行各业的市场不断成熟，这种现象会越来越多。

客户是来采购产品的，他需要买到适合自己的产品，也希望轻松地买到产品，更需要在一个时间段内完成采购计划，他有可能需要一个能帮他从成百上千家同质工厂里找到合适的几个供应商的人，一个能分辨供应商优劣的人，一个能代表他去谈价格的人，一个和自己语言沟通毫无障碍的人，一个服务意识高的人，一个诚实守信的人。这个人帮他解决了所有前期的问题，并始终能做到超出他预期的效果，那么客户是非常愿意为这个服务付上一定费用的，因为人的精力是有限的。

对于我们来说，在大部分产品还并不是很成熟的时候，给我们的服务空间没有这么多，但是对自己产品纵向的细分、对行业市场的介绍、对工艺流程的解释、对质量检验的演示、对材质的说明等都是可以做到更好的，客户从这些方面可以轻松地分辨出服务水平的高低。而每一个细节的把握正好是服务水平的体现，这些细节就是价格谈判的隐性筹码。所以你会发现，面对同样的产品，同行卖到 100 美元，自己出到 95 美元，客户还是会选择 100 美元，原因是同行服务的价值是 10 美元。

第七节 服务的艺术

有人说服务的艺术在于投其所好，我不赞同这种说法，放在内销中投其所好可能会有用，但是外贸里投其所好是远远不够的，外贸中服务的艺术表现在以下几个方面。

一、心领神会

服务的艺术在于心领神会，心领神会的作用在于客户认为双方是在同一水平线上进行沟通，不会因为沟通不畅增加沟通成本。什么是心领神会？客户问包装尺寸，我们马上能够知道客户想计算海运费，甚至能直接给出己方货代的报价；客户问到易耗件的使用寿命，我们马上可以想到易耗件的价格与售后。正如前文所介绍的，有些事情是需要心领神会的。常规的筛选是围绕产品、技术、价格等做对比，而心领神会是对人的筛选，一个职业买家想出的很随意的问题都可能暗藏玄机，粗心的人或者是无法心领神会的人在简单的问题上很可能就暴露了，而真正读懂这个意思的人才能在客户的内心获得认可。

未来的外贸对人的要求越来越高，只有不断地提升自己，尽量去和客户做到认识一致、想法一致、行为一致才可以适应复杂的外贸环境。

二、恰到好处

服务的艺术还在于恰到好处，有的人费尽心力却无法得到客户的一丝肯定，为什么他对于我们的付出无动于衷？原因在于我们没有给服务设置一个度，而这里所说的恰到好处不是说客户要做到 100 分，我们就直接做到 100 分，而是要灵活一点，目的是让他知道这 100 分做得非常艰难。

我们需要结合前文的内容来看，当我们把客户领进门以后，客户很有可能有非常高的期望值，在各方面的要求都非常多，我们适当地要给他制造一些阻力，这个阻力并不是大多数人认为的，客户有意向了我们就可以要求客户。而是要让客户知道我们自己在争取这些条件的时候付出了很多的艰辛，告诉他实际情况是我们愿意做到让他 120 分满意，但是双方也要考虑自己的实际情况。这样做的目的是不断地降低客户的期望值，因为期望值太高，客户可能无法面对最终的结果。我们用一个简单的案例来说明这个问题。

一个产品的单价是 10 美元，客户要 10 万件，而客户的心理价位是 8 美元，在前期的沟通过程中他对这个目标价信心满满，可是进入价格谈判后，整个画风都变了，哪怕降低 0.1 美元也异常艰难，客户很可能因为这种落差感而觉得无法接受。我们最应该解决的是在协商关键性的问题以前就不断通过各种阻力降低客户的预期，尽量地将客户预期的 100 分降低到 80 分。这样一来在价格谈判的时候，我们告诉他 10 美元已经是最好的价格，他才会愿意跟随我们的步伐接受这个价格。在实际的价格讨论中我们同样可以在 10 美元上做一些改变来调整客户预期，通常的办法是我们更换某种材质、包装、印刷、颜色等来降低成本达成 8 美元的价格，这种调整产品本身的方式对于绝大多数客户来说是不认可的，谁都希望用原装正品，这个说法和策略可以又一次降低客户的预期，他自然会重新衡量产品的价格，会意识到 10 美元很值。服务的艺术还在于我们可以更进一步给客户另一个方案，产品不做改变，只需要将订单数量提到 13 万件，价格降低到 8.5~9 美元，我想客户很可能会接受，原因是我们满足了降价的要求，又保证了产品的质量，同时保证了我们的利润（数量增加），这就是恰到好处，而客户这个时候的接受是带着赞赏的。

价格谈判只是恰到好处的一种情况，它可以延伸到很多方面，比如客户接待、样品、费用、货代等，关键是我们如何运营，如何在某些环节布“点”，又如何让这些点在关键的时刻派上用场，这是心理上的步步为营。

三、“矛”与“盾”

买卖双方的关系有点像矛与盾的关系，但矛与盾的身份一直在变换，有时候客户是矛，有时候我们是矛，所以如何转换身份，如何当好矛与盾是至关重要的。

当客户像矛一样咄咄逼人的时候，再坚硬的盾也会招架不住，最后可能闹得两败俱伤。其实最好的办法是以柔克刚，每一个客户的攻击都会有极限，超过这个极限就会显得无理取闹，所以我们需要待客户冷静以后再去讲事实、摆道理，毕竟没有一个订单是在争吵的情况下完成的。我曾做过统计，通常来说如果客户在某一个问题上态度非常强硬，而我们能够冷静地就客户的问题进行解释，三封邮件是可以化解情绪将客户带入正常的谈判氛围的，如果三封邮件还不能让客户平息情绪，大多数时候是我们反馈的内容没有说到关键，或者我们太过于在乎客户的情绪，而将回复的重心放在了情绪上，最好的方式是就事论事，消除导致情绪化的原因。我们所说的以柔克刚不是拖延、逃避，而是保持冷静的心态去处理客户的问题。

作为卖方，我们同样会有充当矛的角色的时候，最常见的是客户对于产品有误解，认为产品质量不合适。记得以前在展会上碰到一个客户，他看了我们的产品后摇摇头，反复地强调着“copy, copy”，言外之意是产品是模仿别人的，我问他哪里存在模仿，他说和美国的一款设备很像，原来他指的是外形很像，我对美国的产品非常了解，告诉他我们产品的内部构造、功能、配件与美国产品的不同，并告诉他美国客户每个月都有稳定的订单，而且他们主动地推广这个设备。客户听我这么一说来了兴趣，想知道我们产品有哪些不同，我随后进行了详细的说明，并附上了参数表，他这才恍然大悟，原来我们的产品在性能上要高出美国产品很多。他开始询问价格、易耗件等信息，并向我索要了名片，展会后主动联系了我，这就是矛的作用。

书目介绍

乐 贸 系 列

书名	作者	定价	书号	出版时间
国家出版基金项目				
1. "一带一路"国家投资并购指南	冯 斌 李洪亮 Gvantsa Dzneladze(格) Tamar Menteshashvili(格)	98.00 元	978-7-5175-0422-1	2020 年 3 月第 1 版
2. "质"造全球:消费品出口质量管控指南	SGS 通标标准技术服务有限公司	80.00 元	978-7-5175-0289-0	2018 年 9 月第 1 版
跟着老外学外贸系列				
1. 优势成交:老外这样做销售(第二版)	Abdelhak Benkerroum(阿道)	58.00 元	978-7-5175-0370-5	2019 年 10 月第 2 版
外贸 SOHO 系列				
1. 外贸 SOHO,你会做吗?	黄见华	30.00 元	978-7-5175-0141-1	2016 年 7 月第 1 版
跨境电商系列				
1. 跨境电商全产业链时代:政策红利下迎机遇期	曹磊 张周平	55.00 元	978-7-5175-0349-1	2019 年 5 月第 1 版
2. 外贸社交媒体营销新思维:向无效社交说 No	May(石少华)	55.00 元	978-7-5175-0270-8	2018 年 6 月第 1 版
3. 跨境电商多平台运营,你会做吗?	董振国 贾 卓	48.00 元	978-7-5175-0255-5	2018 年 1 月第 1 版
4. 跨境电商 3.0 时代——把握外贸转型时代风口	朱秋城(Mr. Harris)	55.00 元	978-7-5175-0140-4	2016 年 9 月第 1 版
5. 118 问玩转速卖通——跨境电商海外淘金全攻略	红 鱼	38.00 元	978-7-5175-0095-7	2016 年 1 月第 1 版
外贸职场高手系列				
1. 开发:在外贸客户发掘中出奇制胜	蔡译民(Chris)	55.00 元	978-7-5175-0425-2	2020 年 6 月第 1 版
2. MR. HUA 创业手记——从 0 到 1 的"老华"创业思维	华 超	69.00 元	978-7-5175-0430-6	2020 年 6 月第 1 版
3. 新人走进外贸圈 职业角色怎么选	黄 涛	45.00 元	978-7-5175-0387-3	2020 年 1 月第 1 版
4. Ben 教你做采购:金牌外贸业务员也要学	朱子赋(Ben)	58.00 元	978-7-5175-0386-6	2020 年 1 月第 1 版
5. 思维对了,订单就来:颠覆外贸底层逻辑	老 A	58.00 元	978-7-5175-0381-1	2020 年 1 月第 1 版
6. 从零开始学外贸	外贸人维尼	58.00 元	978-7-5175-0382-8	2019 年 10 月第 1 版
7. 小资本做大品牌:外贸企业品牌运营	黄仁华著	58.00 元	978-7-5175-0372-9	2019 年 10 月第 1 版
8. 金牌外贸企业给新员工的内训课	Lily 主编	55.00 元	978-7-5175-0337-8	2019 年 3 月第 1 版

书名	作者	定价	书号	出版时间
9. 逆境生存:JAC 写给外贸企业的转型战略	JAC	55.00 元	978-7-5175-0315-6	2018 年 11 月第 1 版
10. 外贸大牛的营与销	丹 牛	48.00 元	978-7-5175-0304-0	2018 年 10 月第 1 版
11. 向外土司学外贸 1:业务可以这样做	外土司	55.00 元	978-7-5175-0248-7	2018 年 2 月第 1 版
12. 向外土司学外贸 2:营销可以这样做	外土司	55.00 元	978-7-5175-0247-0	2018 年 2 月第 1 版
13. 阴阳鱼给外贸新人的必修课	阴阳鱼	45.00 元	978-7-5175-0230-2	2017 年 11 月第 1 版
14. JAC 写给外贸公司老板的企管书	JAC	45.00 元	978-7-5175-0225-8	2017 年 10 月第 1 版
15. 外贸大牛的术与道	丹 牛	38.00 元	978-7-5175-0163-3	2016 年 10 月第 1 版
16. JAC 外贸谈判手记——JAC 和他的外贸故事	JAC	45.00 元	978-7-5175-0136-7	2016 年 8 月第 1 版
17. Mr. Hua 创业手记——从 0 到 1 的"华式"创业思维	华 超	45.00 元	978-7-5175-0089-6	2015 年 10 月第 1 版
18. 外贸会计上班记	谭 天	38.00 元	978-7-5175-0088-9	2015 年 10 月第 1 版
19. JAC 外贸工具书——JAC 和他的外贸故事	JAC	45.00 元	978-7-5175-0053-7	2015 年 7 月第 1 版
20. 外贸菜鸟成长记(0~3 岁)	何嘉美	35.00 元	978-7-5175-0070-4	2015 年 6 月第 1 版

外贸操作实务子系列

书名	作者	定价	书号	出版时间
1. 外贸高手客户成交技巧 3:差异生存法则	毅 冰	69.00 元	978-7-5175-0378-1	2019 年 9 月第 1 版
2. 外贸高手客户成交技巧 2——揭秘买手思维	毅 冰	55.00 元	978-7-5175-0232-6	2018 年 1 月第 1 版
3. 外贸业务经理人手册(第三版)	陈文培	48.00 元	978-7-5175-0200-5	2017 年 6 月第 3 版
4. 外贸全流程攻略——进出口经理跟单手记(第二版)	温伟雄(马克老温)	38.00 元	978-7-5175-0197-8	2017 年 4 月第 2 版
5. 金牌外贸业务员找客户(第三版)——跨境电商时代开发客户的 9 种方法	张劲松	40.00 元	978-7-5175-0098-8	2016 年 1 月第 3 版
6. 实用外贸技巧助你轻松拿订单(第二版)	王陶(波锅涅)	30.00 元	978-7-5175-0072-8	2015 年 7 月第 2 版
7. 出口营销实战(第三版)	黄泰山	45.00 元	978-7-80165-932-3	2013 年 1 月第 3 版
8. 外贸实务疑难解惑 220 例	张浩清	38.00 元	978-7-80165-853-1	2012 年 1 月第 1 版
9. 外贸高手客户成交技巧	毅 冰	35.00 元	978-7-80165-841-8	2012 年 1 月第 1 版
10. 报检七日通	徐荣才 朱瑾瑜	22.00 元	978-7-80165-715-2	2010 年 8 月第 1 版
11. 外贸实用工具手册	本书编委会	32.00 元	978-7-80165-558-5	2009 年 1 月第 1 版
12. 快乐外贸七讲	朱芷萱	22.00 元	978-7-80165-373-4	2009 年 1 月第 1 版
13. 外贸七日通(最新修订版)	黄海涛(深海鱿鱼)	22.00 元	978-7-80165-397-0	2008 年 8 月第 3 版

出口风险管理子系列

书名	作者	定价	书号	出版时间
1. 轻松应对出口法律风险	韩宝庆	39.80 元	978-7-80165-822-7	2011 年 9 月第 1 版

书名	作者	定价	书号	出版时间
2. 出口风险管理实务(第二版)	冯 斌	48.00 元	978-7-80165-725-1	2010 年 4 月第 2 版
3. 50 种出口风险防范	王新华 陈丹凤	35.00 元	978-7-80165-647-6	2009 年 8 月第 1 版

外贸单证操作子系列

1. 跟单信用证一本通(第二版)	何源	48.00 元	978-7-5175-0249-4	2018 年 9 月第 2 版
2. 外贸单证经理的成长日记(第二版)	曹顺祥	40.00 元	978-7-5175-0130-5	2016 年 6 月第 2 版
3. 信用证审单有问有答 280 例	李一平 徐珺	37.00 元	978-7-80165-761-9	2010 年 8 月第 1 版
4. 外贸单证解惑 280 例	龚玉和 齐朝阳	38.00 元	978-7-80165-638-4	2009 年 7 月第 1 版
5. 信用证 6 小时教程	黄海涛(深海鱿鱼)	25.00 元	978-7-80165-624-7	2009 年 4 月第 2 版
6. 跟单高手教你做跟单	汪 德	32.00 元	978-7-80165-623-0	2009 年 4 月第 1 版

福步外贸高手子系列

1. 外贸技巧与邮件实战(第二版)	刘 云	38.00 元	978-7-5175-0221-0	2017 年 8 月第 2 版
2. 外贸电邮营销实战——小小开发信 订单滚滚来(第二版)	薄如骢	45.00 元	978-7-5175-0126-8	2016 年 5 月第 2 版
3. 巧用外贸邮件拿订单	刘 裕	45.00 元	978-7-80165-966-8	2013 年 8 月第 1 版

国际物流操作子系列

1. 货代高手教你做货代——优秀货代笔记(第二版)	何银星	33.00 元	978-7-5175-0003-2	2014 年 2 月第 2 版
2. 国际物流操作风险防范——技巧·案例分析	孙家庆	32.00 元	978-7-80165-577-6	2009 年 4 月第 1 版

通关实务子系列

1. 外贸企业轻松应对海关估价	熊 斌 赖 芸 王卫宁	35.00 元	978-7-80165-895-1	2012 年 9 月第 1 版
2. 报关实务一本通(第二版)	苏州工业园区海关	35.00 元	978-7-80165-889-0	2012 年 8 月第 2 版
3. 如何通过原产地证尽享关税优惠	南京出入境检验检疫局	50.00 元	978-7-80165-614-8	2009 年 4 月第 3 版

彻底搞懂子系列

1. 彻底搞懂信用证(第三版)	王腾 曹红波	55.00 元	978-7-5175-0264-7	2018 年 5 月第 3 版
2. 彻底搞懂关税(第二版)	孙金彦	43.00 元	978-7-5175-0172-5	2017 年 1 月第 2 版
3. 彻底搞懂提单(第二版)	张敏 张鹏飞	38.00 元	978-7-5175-0164-0	2016 年 12 月第 2 版
4. 彻底搞懂中国自由贸易区优惠	刘德标 祖月	34.00 元	978-7-80165-762-6	2010 年 8 月第 1 版
5. 彻底搞懂贸易术语	陈 岩	33.00 元	978-7-80165-719-0	2010 年 2 月第 1 版
6. 彻底搞懂海运航线	唐丽敏	25.00 元	978-7-80165-644-5	2009 年 7 月第 1 版

外贸英语实战子系列

1. 十天搞定外贸函电(白金版)	毅 冰	69.00 元	978-7-5175-0347-7	2019 年 4 月第 2 版
2. 让外贸邮件说话——读懂客户心理的分析术	蔡泽民(Chris)	38.00 元	978-7-5175-0167-1	2016 年 12 月第 1 版

书名	作者	定价	书号	出版时间
3. 外贸高手的口语秘籍	李　凤	35.00 元	978-7-80165-838-8	2012 年 2 月第 1 版
4. 外贸英语函电实战	梁金水	25.00 元	978-7-80165-705-3	2010 年 1 月第 1 版
5. 外贸英语口语一本通	刘新法	29.00 元	978-7-80165-537-0	2008 年 8 月第 1 版

外贸谈判子系列

1. 外贸英语谈判实战（第二版）	王慧　仲颖	38.00 元	978-7-5175-0111-4	2016 年 3 月第 2 版
2. 外贸谈判策略与技巧	赵立民	26.00 元	978-7-80165-645-2	2009 年 7 月第 1 版

国际商务往来子系列

国际商务礼仪大讲堂	李嘉珊	26.00 元	978-7-80165-640-7	2009 年 12 月第 1 版

贸易展会子系列

外贸参展全攻略——如何有效参加 B2B 贸易商展（第三版）	钟景松	38.00 元	978-7-5175-0076-6	2015 年 8 月第 3 版

区域市场开发子系列

中东市场开发实战	刘军　沈一强	28.00 元	978-7-80165-650-6	2009 年 9 月第 1 版

加工贸易操作子系列

1. 加工贸易实务操作与技巧	熊　斌	35.00 元	978-7-80165-809-8	2011 年 4 月第 1 版
2. 加工贸易达人速成——操作案例与技巧	陈秋霞	28.00 元	978-7-80165-891-3	2012 年 7 月第 1 版

乐税子系列

1. 外贸企业免退税实务——经验 · 技巧分享（第二版）	徐玉树 罗玉芳	55.00 元	978-7-5175-0428-3	2020 年 5 月第 2 版
2. 外贸会计账务处理实务——经验 · 技巧分享	徐玉树	38.00 元	978-7-80165-958-3	2013 年 8 月第 1 版
3. 生产企业免抵退税实务——经验 · 技巧分享(第二版)	徐玉树	42.00 元	978-7-80165-936-1	2013 年 2 月第 2 版
4. 外贸企业出口退（免）税常见错误解析 100 例	周朝勇	49.80 元	978-7-80165-933-0	2013 年 2 月第 1 版
5. 生产企业出口退（免）税常见错误解析 115 例	周朝勇	49.80 元	978-7-80165-901-9	2013 年 1 月第 1 版
6. 外汇核销指南	陈文培等	22.00 元	978-7-80165-824-1	2011 年 8 月第 1 版
7. 外贸企业出口退税操作手册	中国出口退税咨询网	42.00 元	978-7-80165-818-0	2011 年 5 月第 1 版
8. 生产企业免抵退税从入门到精通	中国出口退税咨询网	98.00 元	978-7-80165-695-7	2010 年 1 月第 1 版
9. 出口涉税会计实务精要（《外贸会计实务精要》第二版）	龙博客工作室	32.00 元	978-7-80165-660-5	2009 年 9 月第 2 版

书名	作者	定价	书号	出版时间

专业报告子系列

书名	作者	定价	书号	出版时间
1. 国际工程风险管理	张　燎	1980.00元	978-7-80165-708-4	2010年1月第1版
2. 涉外型企业海关事务风险管理报告	《涉外型企业海关事务风险管理报告》研究小组	1980.00元	978-7-80165-666-7	2009年10月第1版

外贸企业管理子系列

书名	作者	定价	书号	出版时间
1. 外贸经理人的MBA	毅　冰	55.00元	978-7-5175-0305-7	2018年10月第1版
2. 小企业做大外贸的制胜法则——职业外贸经理人带队伍手记	胡伟锋	35.00元	978-7-5175-0071-1	2015年7月第1版
3. 小企业做大外贸的四项修炼	胡伟锋	26.00元	978-7-80165-673-5	2010年1月第1版

国际贸易金融子系列

书名	作者	定价	书号	出版时间
1. 国际结算单证热点疑义相与析	天九湾贸易金融研究汇	55.00元	978-7-5175-0292-0	2018年9月第1版
2. 国际结算与贸易融资实务（第二版）	李华根	55.00元	978-7-5175-0252-4	2018年3月第1版
3. 信用证风险防范与纠纷处理技巧	李道金	45.00元	978-7-5175-0079-7	2015年10月第1版
4. 国际贸易金融服务全程通（第二版）	郭党怀　张丽君　张贝	43.00元	978-7-80165-864-7	2012年1月第2版
5. 国际结算与贸易融资实务	李华根	42.00元	978-7-80165-847-0	2011年12月第1版

毅冰谈外贸子系列

书名	作者	定价	书号	出版时间
毅冰私房英语书——七天秀出外贸口语	毅　冰	35.00元	978-7-80165-965-1	2013年9月第1版

"创新型"跨境电商实训教材

书名	作者	定价	书号	出版时间
跨境电子商务概论与实践	冯晓宁	48.00元	978-7-5175-0313-2	2019年1月第1版

"实用型"报关与国际货运专业教材

书名	作者	定价	书号	出版时间
1. 国际货运代理操作实务（第二版）	杨鹏强	48.00元	978-7-5175-0364-4	2019年8月第2版
2. 集装箱班轮运输与管理实务	林益松	48.00元	978-7-5175-0339-2	2019年3月第1版
3. 航空货运代理实务（第二版）	杨鹏强	55.00元	978-7-5175-0336-1	2019年1月第2版
4. 进出口商品归类实务（第三版）	林　青	48.00元	978-7-5175-0251-7	2018年3月第3版
5. e时代报关实务	王　云	40.00元	978-7-5175-0142-8	2016年6月第1版
6. 供应链管理实务	张远昌	48.00元	978-7-5175-0051-3	2015年4月第1版

书名	作者	定价	书号	出版时间
7. 电子口岸实务（第二版）	林青	35.00 元	978-7-5175-0027-8	2014 年 6 月第 2 版
8. 报检实务（第二版）	孔德民	38.00 元	978-7-80165-999-6	2014 年 3 月第 2 版
9. 现代关税实务（第二版）	李 齐	35.00 元	978-7-80165-862-3	2012 年 1 月第 2 版
10. 国际贸易单证实务（第二版）	丁行政	45.00 元	978-7-80165-855-5	2012 年 1 月第 2 版
11. 报关实务（第三版）	杨鹏强	45.00 元	978-7-80165-825-8	2011 年 9 月第 3 版
12. 海关概论（第二版）	王意家	36.00 元	978-7-80165-805-0	2011 年 4 月第 2 版

“精讲型”国际贸易核心课程教材

1. 国际贸易实务精讲（第七版）	田运银	49.50 元	978-7-5175-0260-9	2018 年 4 月第 7 版
2. 国际货运代理实务精讲（第二版）	杨占林 汤 兴 官敏发	48.00 元	978-7-5175-0147-3	2016 年 8 月第 2 版
3. 海关法教程（第三版）	刘达芳	45.00 元	978-7-5175-0113-8	2016 年 4 月第 3 版
4. 国际电子商务实务精讲（第二版）	冯晓宁	45.00 元	978-7-5175-0092-6	2016 年 3 月第 2 版
5. 国际贸易单证精讲（第四版）	田运银	45.00 元	978-7-5175-0058-2	2015 年 6 月第 4 版
6. 国际贸易操作实训精讲（第二版）	田运银 胡少甫 史 理 朱东红	48.00 元	978-7-5175-0052-0	2015 年 2 月第 2 版
7. 进出口商品归类实务精讲	倪淑如 倪 波 田运银	48.00 元	978-7-5175-0016-2	2014 年 7 月第 1 版
8. 外贸单证实训精讲	龚玉和 齐朝阳	42.00 元	978-7-80165-937-8	2013 年 4 月第 1 版
9. 外贸英语函电实务精讲	傅龙海	42.00 元	978-7-80165-935-4	2013 年 2 月第 1 版
10. 国际结算实务精讲	庄乐梅 李 菁	49.80 元	978-7-80165-929-3	2013 年 1 月第 1 版
11. 报关实务精讲	孔德民	48.00 元	978-7-80165-886-9	2012 年 6 月第 1 版
12. 国际商务谈判实务精讲	王 慧 唐力忻	26.00 元	978-7-80165-826-5	2011 年 9 月第 1 版
13. 国际会展实务精讲	王重和	38.00 元	978-7-80165-807-4	2011 年 5 月第 1 版
14. 国际贸易实务疑难解答	田运银	20.00 元	978-7-80165-718-3	2010 年 9 月第 1 版

“实用型”国际贸易课程教材

1. 外贸跟单实务（第二版）	罗 艳	48.00 元	978-7-5175-0338-5	2019 年 1 月第 2 版
2. 海关报关实务	倪淑如 倪 波	48.00 元	978-7-5175-0150-3	2016 年 9 月第 1 版
3. 国际金融实务	李 齐 唐晓林	48.00 元	978-7-5175-0134-3	2016 年 6 月第 1 版
4. 国际贸易实务	丁行政 罗艳	48.00 元	978-7-80165-962-0	2013 年 8 月第 1 版

中小企业财会实务操作系列丛书

1. 做顶尖成本会计应知应会 150 问（第二版）	张 胜	48.00 元	978-7-5175-0275-3	2018 年 6 月第 2 版
2. 小企业会计疑难解惑 300 例	刘华 刘方周	39.80 元	978-7-80165-845-6	2012 年 1 月第 1 版
3. 会计实务操作一本通	吴虹雁	35.00 元	978-7-80165-751-0	2010 年 8 月第 1 版